# POLYGLOTT on tour

# Island

W0085629

**Die Autorin
Ina Vehse**

Unser E-Book-Code zur elektronischen Erweiterung des
POLYGLOTT on tour. Das kostenlose E-Book enthält die im
Reiseführer aufgeführten Adressen entlang der Touren,
beispielsweise zu Essen und Trinken, Shoppen, Aktivitäten und
Hotel-Tipps. Links auf einen externen Kartendienst
vereinfachen das Auffinden dieser Adressen.

## Mit großer Faltkarte
## & 80 Stickern
## für die individuelle Planung

www.polyglott.de

**SYMBOLE ALLGEMEIN**

**Erst-klassig** **!**  Besondere Tipps der Autoren

**SPECIAL**  Besondere Aktivitäten

**SEITEN BLICK**  Spannende Anekdoten
zum Reiseziel

★  Top-Highlights und

★  Highlights der Destination

| | TOUR-SYMBOLE | | PREIS-SYMBOLE | |
|---|---|---|---|---|
| ❶ | Die POLYGLOTT-Touren | | Hotel DZ | Restaurant |
| 6 | Stationen einer Tour | € | bis 14 000 ISK | bis 2100 ISK |
| ① | Hinweis auf 50 Dinge | €€ | 10 000 bis | 2100 bis |
| [A1] | Die Koordinate verweist auf | | 22 000 ISK | 3500 ISK |
| | die Platzierung in der Faltkarte | €€€ | über 22 000 ISK | über 3500 ISK |
| [a1] | Platzierung Rückseite Faltkarte | | | |

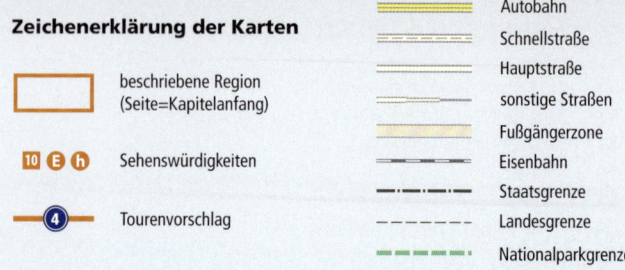

# Zeichenerklärung der Karten

beschriebene Region
(Seite=Kapitelanfang)

**10 E h** Sehenswürdigkeiten

**4** Tourenvorschlag

Autobahn
Schnellstraße
Hauptstraße
sonstige Straßen
Fußgängerzone
Eisenbahn
Staatsgrenze
Landesgrenze
Nationalparkgrenze

Westen S. 73

Hornstrandir

Bolungarvík
Ísafjördur
þingeyri
Bíldudalur
Patreksfjördur
Látrabjarg
Reykjafjördur
Brjánslækur
Flatey
Hellissandur
Ólafsvík
Grundarfjördur
Snæfellsjökull-Nationalpark
Snæfellsjökull 1448
Snæfellsnes

Ísafjardardjúp
Drangajökull 925
Djúpavík
Hólmavík
Dynjandi
Skagaströnd
Húnaflói
Hindisvík
Blönduós
Glaumbær
Varmahlíd
Hvammstangi
Búdardalur
Geldingafell 820
Stadarskáli
Eiríksstadir
Surtshellir
Eiríksjökull 1675
Langjökull 1355
Hveravellir
Reykholt
Húsafell
Hvítárvatn
Borgarnes
Þórisjökull 1350
Kerlingar...

Breidafjördur
Stykkishólmur
Saudárkrókur
Hofs...
Skagafjördur
Skagaströnd

Faxaflói
Akranes
þyrill
N.P. þingvellir
Gullfoss
Mosfellsbær
þingvallavatn
Stöng
Segla...
Hafnarfjördur
Keflavík
Kópavogur
REYKJAVÍK
Njardvík
Hveragerdi
Ölfusá
Selfoss
Eyrarbakki
Hella
Landmannalaugar
Hekla 1491
þorfaj...
Grindavík
þorlákshöfn
Stokkseyri
Hvolsvöllur
Myrdaljökull
Eyjafjallajökull 1666
Skógafoss
Skógar
Heimaey
Landeyjarhöfn
Westmänner-Inseln
Dyrhólaey

Reykjavik und Umgebung S. 50

0   50 km

# Top 12 Highlights

**1** **Touren-Start**

**Perfekte Planung**
Parallel Klappe vorne links aufschlagen

Akureyri und der Norden S. 90

Grimsey

Raufarhöfn

licher Polarkreis

Grímsey

Þórshöfn

...fjörður

Flatey

Bakkaflói

Ólafsfjörður

Húsavik

Vopnafjörður

Hrísey

...alvík

Húsavík

Ásbyrgi

Jökulsárgljúfur Nationalpark

Vopnafjörður

Héraðsflói

Dettifoss

Hochland S. 135

Vopnafjörður

Færöer, Hanstholm

82

818

Krafla

Reykjahlíð

**5**

Grímsstaðir

Húsey

Akureyri

1

Goða-foss

Mývatn

Borgarfjörður

Skútustaðir

**9** **16**

Jökulsá á Fjöllum

Skjöldolfs-staðir

**10** **11**

Seyðisfjörður

Egilsstaðir

92

Herðubreiðarfjöll

1094

Neskaupstaður

Eskifjörður

SPRENGISAN-DUR

Askja

1510

**11**

Reyðarfjörður

Fáskrúðsfjörður

Jökulsá

Vattarnes

...sjökull

Nýidalur

Vatnajökull-

Stöðvarfjörður

Breiðdalsvík

2000

Bárðarbunga

1660

Kverkfjöll

Lagarfljót

1570

Djúpivogur

Grímsvötn

1719

Nationalpark

Stafafell

1

Esjufjöll

1522

Skálafells jökull

Höfn

**12**

Skaftafell

**7**

Jökulsárlón

Breiðárlón

Osten S. 111

Laki

Svartifoss

Núpsstaður

2119

Öræfajökull

**6**

Ófærufoss

Eldgjá

**17**

Kirkjubæjar-klaustur

1

Fagurhólsmýri

A T L A N T I S C H E R

O Z E A N

Süden S. 118

Das Torfmuseum Glaumbær liegt zwischen Varmahlið und Sauðárkrókur, Nordisland

# TYPISCH

# Island ist eine Reise wert!

Diese Insel ist eine Mischung aus High-Tech und Tradition, aus überwältigender Natur und überbordender Kultur. Hier brodelt nicht nur die Erde, sondern auch das Leben. Die verrückte Hauptstadt und das beschauliche Landleben sind nur wenige Kilometer voneinander entfernt.

Die Autorin **Ina Vehse** studierte zwar Kulturwissenschaften, hat sich aber für ihr Lieblingsland auch immer wieder mit den Naturwissenschaften beschäftigt. Sie lebte einige Jahre in Reykjavík und bereist das Land nun seit Jahrzehnten – zu Fuß und im Jeep, im Sommer und im Winter, in der Stadt und auf dem Land. Über die Kulturszene hat sie in Magazinen und im Rundfunk berichtet, ebenso hält sie regelmäßig Vorträge.

»*Velkomin heim*«, sagt die Flugbegleiterin auf Isländisch – sofern man mit Icelandair fliegt –, und schon fühle ich mich wieder ganz zu Hause. Ich mag diesen Flughafen mit seinen eigentlich relativ engen Gängen, und ich liebe den Duty Free bei der Ankunft, wo es diese ganz eigenen isländischen Süßigkeiten gibt: Lakritz mit Schokolade überzogen. In der Tat, in Keflavík anzukommen ist für mich immer verbunden mit dem Gefühl der Rückkehr.

Den ersten Blick auf Island kann man schon beim Anflug werfen,

Abendstimmung am Seljalandsfoss, Südisland

Blick auf die weiße Kuppe des Snæfellsjökull

Landes vorbei, eine riesige Industrieanlage, die für viele gar nicht so richtig in dieses Land passen will, denn schließlich hat man ja Naturerlebnis gebucht. Doch auch das ist Island. Und dann fährt man immerhin gut 25 Minuten nur durch die Stadt, genau genommen durch drei Städte, die zum Großraum Reykjavík zusammengewachsen sind.

Statt Natur pur ist erst mal Stadtkultur angesagt. Das ist das Belebende an dieser nördlichen Hauptstadt, sie ist extrem quirlig. Am besten erkundet man sie zu Fuß, lässt sich treiben über Laugavegur und durch die Seitenstraßen, geht in die Geschäfte und Cafés, setzt sich am Austurvöllur hin oder geht zum alten Hafen. In Reykjavík kann ich jedes Mal etwas Neues entdecken, und wenn ich die Stadt heute mit der von vor einigen Jahrzehnten vergleiche, als ich zum ersten Mal dort war, scheint fast ein Jahrhundert dazwischen zu liegen.

vorausgesetzt die Sicht ist gut, denn natürlich gibt es auch Tage, da sieht man erst kurz vor der Landung etwas von der Landschaft, weil die Wolken so tief hängen. Doch bei hohen Wolken oder gar blauem Himmel erkennt man die Südküste, die Gletscher und die Gebirge. Manchmal kann man einige Berge ausmachen und dann schon die ersten aufsteigenden Dampfwolken von Grindavík.

Nach der Landung ist bereits die Busfahrt nach Reykjavík hinein beeindruckend. Man hat schöne Ausblicke auf die Hauptstadt, hin und wieder bis zum Snæfellsjökull, dessen vollendete Kegelform mit der vergletscherten Spitze gut zu erkennen ist, und dann die aufgeworfenen Lavaplatten. Das Moos darauf schimmert je nach Lichteinfall grün oder grau: ein Pflanzen-Lava-Stein-Meer.

Die vierspurige Straße führt an einem der Aluminiumwerke des

Die robusten Islandpferde sind eine ganz besondere Rasse

*In den Rhyolithbergen von Landmannalaugar*

Eine fast noch dörfliche Klein-stadt hat sich zu einer Metropole entwickelt. Selbst in den 1990er-Jahren gab es kaum höhere Häuser, heute stehen etliche Hochhäuser entlang der Sæbraut und bilden die Skyline vom Meer aus. Dazu gehört auch eines der architektonisch ge-lungensten Gebäude: Harpa. Doch eine Metropole bestimmt sich ja nicht nur durch Bauten und die An-sammlung der Funktionen wie Re-gierung, Universität, Forschungs-einrichtungen, sondern vor allem durch ihre Kultur. In Reykjavík jagt ein Festival das nächste, vom Lich-terfest im Februar über den Design-marsch, die diversen Musik- und Filmfestivals und das große Kunst-festival Ende Mai/Juni bis zum Kul-tursamstag im August usw. Es ist schier atemberaubend, wie aktiv und lebendig diese Stadt ist. Jedes Jahr kommen neue Hotels dazu, die Stadt wächst und wächst und bro-delt wie ihre heißen Quellen.

Reykjavík ist ein exzellenter Spiegel des Landes – ständig im Wandel, ständig passiert was, und wenn man sich umguckt, wirkt alles sehr jung.

So ist Island! Häufige Vul-kanausbrüche, Erdbeben, neue heiße Quellen, hinter jeder zweiten Biegung ein Wasser-fall, der tosend zu Tal stürzt. Dann wieder 200 km im Lan-desinneren mit absoluter Stille. Kein Insekt, kein Vo-gel, kein Wasser, nur weite Lavaflächen und bizarre Lavaskulpturen. Grandiose Weite, unterbrochen von monolithischen Bergen. Island ist laut und ganz still, ungestüm und völlig ruhig. Wer Einsamkeit aushalten kann, der fin-det sie hier.

Islands Landschaften wirken wie Schwarzweißbilder, etwa die Küs-ten im Süden mit den Lavasträn-den oder das Hochland mit seiner Viel-falt der Grautöne und den wunder-baren Wolken. Islands Landschaf-ten wirken wie kitschig bunte Bilder mit ihrem Grün der Weiden, den Blautönen der Seen und Flüsse, dem fluoreszierenden Grün des Mooses oder den Sonnenunter-gän-gen mit den rot schimmernden Berggipfeln auf den Gletschern. Is-lands Landschaften wirken wie unheimliche Urlandschaften mit ihren fast unbestimmbaren Farben von Rot über Gelb bis Grau wie in den Rhyolithbergen in Landmanna-laugar oder bei Laki. Hier scheint nichts mehr real zu sein.

All das und noch so viel mehr ist Island, die Trauminsel für Entde-cker, und deshalb reise ich jedes Jahr dorthin.

# Reisebarometer

Was macht Island so besonders? Die Landschaft, die Geschichte, Kunst und Kultur, das bunte Leben in Reykjavík, die vielfältigen Fischgerichte, die Gelassenheit, die zahllosen Wasserfälle, die Schwimmbäder und die Tiere.

**Abwechslungsreiche Landschaft**
Gletscher und Vulkane, Wüsten und Wälder

**Kulturelles Angebot**
Museenvielfalt, Kunst- und Musikfestivals

**Kulinarische Vielfalt**
Von (isländischem) Fast Food bis Gourmet

**Spaß und Abwechslung für Kinder**
Spielplätze, Reiterhöfe, Tierbeobachtung

**Shoppingangebot**
Von verrückt bis klassisch, und immer 100 % isländisch

**Abenteuer und Entdecken**
Eisklettern, Höhlenbesuche, Off-Road: Island ist ein Paradies für Abenteuerlustige.

**Sportliche Aktivitäten**
Fast jeder kommt hier auf seine Kosten, im Sommer wie im Winter.

**Geeignet für Wanderurlaub**
Von der Tageswanderung bis zur 14-Tage-Hochlandtour

**Schwimmbäder und heiße Quellen**
Hier der Naturpool, dort das Luxusbad

**Preis-Leistungs-Verhältnis**
Island ist etwas Besonderes und hat seinen Preis.

● = gut      ●●●●●● = übertrifft alle Erwartungen

11

# 50 Dinge, die Sie ...

Hier wird entdeckt, probiert, gestaunt, Urlaubserinnerungen werden gesammelt und Fettnäpfe clever umgangen. Diese Tipps machen Lust auf mehr und lassen Sie die ganz typischen Seiten erleben. Viel Spaß dabei!

## ... erleben sollten

**(1) Picknick im Park** Die Parks der Hauptstadt sind sehr einladend und werden deshalb auch gern genutzt. Der Park am Tjörnin › S. 58 bietet Kunst, Tiere, einen Spielplatz, bunte Blumen und vor allem einladende Rasenflächen.

**(2) Tauchen zwischen den Erdplatten** Hier kommt man dem Ursprung der Erde richtig nahe. Zwischen den Erdplatten tauchen Sie im Þingvallavatn › S. 65, und danach gibt es zum Aufwärmen eine heiße Schokolade.

**(3) Dampfbadkultur** In Island geht man in Badebekleidung ins Dampfbad und genießt das Schwitzen oder einfach das stetige Tropfen – z. B. im Fontana am Laugarvatn › S. 66. Es ist nicht richtig heiß, nur wohlig warm – ein idealer Ort zur Erholung, wenn es im Winter zu sehr schneit.

**(4) Freitagnacht in Reykjavík** Man kann viel darüber schreiben, aber dabei sein ist alles › S. 64. Ab 23 Uhr geht es los, richtig stürmisch wird es dann ab 1 Uhr. Lange Schlangen vor Kneipen und Diskotheken, grölende Kids, und irgendwann ist man mittendrin.

**(5) Die Mitternachtssonne** Es gibt einige tolle Plätze dafür, aber einer der Hits ist Skaftafell › S. 124, wenn die Berge in dem rötlichen Licht schimmern. Ein ungeheuer beeindruckender Effekt, da meist noch Schnee auf den Spitzen liegt!

**(6) Skidoo-Tour auf dem Vatnajökull** Auf kleinen Motorschlitten über das Eis zu fahren ist eine atemberaubende Erfahrung › S. 117. Dieser riesige Gletscher gleicht fast schon einem Eisschild. Und unterm Eis lauern die Vulkane …

**(7) Hinauf auf den schönsten Berg** Die Herðubreið › S. 144 ist sicher Islands schönster Berg und seine Besteigung ein Erlebnis, auch wenn Trittsicherheit im losen Gestein und Ausdauer gefordert sind. Der grandiose Ausblick vom Gipfel über das Hochland aber entschädigt für alles!

**(8) Schafabtrieb im Herbst** Dieses Spektakel ist eines der wichtigsten Ereignisse: Die eingesammelten Schafe aus dem Hinterland werden sortiert und auf die Höfe verteilt. Natürlich gehören gutes Essen, Musik und Gesang dazu. Zu buchen bei Arinbjörn Jóhannsson [C3] in Hvammstangi (www.abbi-island.is).

Der Herðubreið überragt die Hochebene Zentralislands

**9** **Wanderung über die Gletscher** Von Skógar [D6] geht die Zweitagestour über die Hochebene Fimmvörðuháls und zwischen den beiden Gletschern Mýrdalsjökull und Eyjafjallajökull hindurch nach Þórsmörk [D5]. Die ganz Schnellen schaffen es in einem Tag, aber oben im Zelt zu übernachten ist schon ein besonderes Abenteuer.

## … probieren sollten

**10** **Lakritz mit Schokolade** Das ist eine wunderbare isländische Süßigkeit, die es in vielen Varianten in den Supermärkten zu kaufen gibt. Einer meiner Favoriten ist »Lakrís-sprengjur« von der Traditionsfirma Nói Síríus: Softlakritz umhüllt von Bitterschokolade (http://noi.is).

**11** **Isländische Torten** In den Cafés gibt es die sahnigsten, süßesten und größten Tortenstücke, ideal, um eine Mahlzeit zu ersetzen. Man kann natürlich auch gleich ein Tor-

tenbüfett genießen, eine isländische Köstlichkeit. Einer dieser süßen Träume besteht aus mehreren Schichten: Baiser, eine Sahnecreme und Konfitüre. Die Torte ist leicht an ihrer Höhe zu erkennen, so in Reykjavík im Rathauscafé › S. 58.

**12** **Frischer Fisch** Egal wo, egal wie, Fisch in Island ist einfach toll. Fangfrisch landet er auf dem Teller und wird etwa im Strikið › S. 98 in Akureyri besonders schmackhaft zubereitet. Alternativ: Angeln und selbst braten, vielleicht mit ein wenig Salz und Pfeffer würzen.

**13** **Hákarl** Der fermentierte Hai ist quasi die Mutprobe für jeden Islandreisenden. Am besten genießbar ist er mit *brennivín,* dem Aquavit des Landes, und mit süßem Brot. Wie er schmeckt? Lassen Sie sich in Bjarnarhöfn › S. 84 überraschen!

**14** **Skyr** In seiner Reinform gleicht dieses traditionelle Milchprodukt einem quarkähnlichen Weichkäse. In den Geschäften wird es oft in ver-

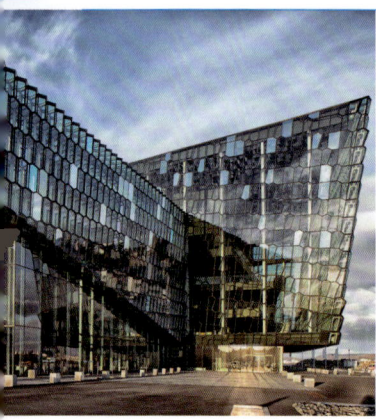
Die Wabenfassade der Harpa in Reykjavík

**18 Hangikjöt mit Flatbrauð** Das ist geräuchertes Lammfleisch, das als Aufschnitt angeboten *(hangikjöt)* und auf Roggen-Fladenbrot *(flatbrauð)* gegessen wird. Beides finden Sie in jedem Supermarkt, es ist aber auch ein beliebter Nachmittagssnack in Bistros und Cafés.

**19 Wasser** Ein köstliches Getränk, aus der Leitung ebenso wie direkt aus dem Bach. Natürlich wird es auch in Flaschen abgefüllt und ist überall erhältlich.

feinerter Variante mit Früchten angeboten. Sehr gesund und in jedem Supermarkt erhältlich.

**15 Salat** Auffällig sind die zahlreichen Gewächshäuser im Süden und Westen, z. B. in der Nähe von Deildartunguhver › **S. 75**. Das angebaute Gemüse wie Tomaten, Paprika oder eben den Salat kann man an einigen Stellen direkt vom Erzeuger kaufen.

**16 Hot Dog** Das ist das Standard-Fast Food, das es überall an jeder Tankstelle und fast in jedem Kiosk gibt. In gewisser Hinsicht ist es ein Muss, denn hier geht es nicht nur um Senf oder Ketchup, sondern um alles: Ketchup, Senf, rohe und Röstzwiebeln sowie Gurken.

**17 Süßes Brot** Das süße, etwas klebrige Roggenbrot, das in der Erde gegart wurde, ist eine Delikatesse in Kombination mit geräuchertem Fisch oder *hákarl*. Das beste gibt es am Mývatn im Gamli Bærinn › **S. 104**.

# … bestaunen sollten

**20 Erró** Die überdimensionierten Gemälde des eigenwilligen Künstlers im Kunstmuseum Reykjavík › **S. 56** reizen zum Lachen und Nachdenken und sind in jeder Hinsicht ein Hingucker – so detailreich, dass man jedes Mal etwas Neues in ihnen entdecken kann. Eins meiner Lieblingsbilder ist Errós Porträt von Halldór Kiljan Laxness.

**21 Polarlichter im Winter** Selbst in Reykjavík kann man dieses Schauspiel manchmal erleben, aber besonders reizvoll ist es dort, wo es wenig Kunstlicht gibt, z. B. im Hochlandzentrum Hrauneyjar › **S. 144**.

**22 Skulpturenkunst** Auf Schritt und Tritt findet man sie, nicht nur in Reykjavík. Eine beeindruckende Arbeit von Ásmundur Sveinsson steht in Borg bei Borgarnes › **S. 79**: »Sonatorrek« ist das verbildlichte

Klagelied des Sagahelden Egil Skallagrímsson über den Tod seines Sohnes Bödvar.

**(23) Harpa von innen** Die Wabenfenster verleihen diesem Bau › **S. 57** etwas Einzigartiges, und im Inneren sind die Effekte noch faszinierender. Gehen Sie die Treppe hinauf und schauen Sie von der Seite hin: Ein überdimensionales Glaskunstwerk!

**(24) Öxarárfoss** Angeblich wurde dieser Wasserfall › **S. 65** im Jahr 930 künstlich angelegt, damit genügend Wasser in die Ebene von Þingvellir fließe. Somit wäre er das älteste erhaltene »Bauwerk« in Island.

**(25) Fjordland** Sie sind so ganz anders als der Rest Islands: die Westfjorde mit ihren steilen Tafelbergen, der manchmal abenteuerlichen Straßenführung, den tiefen Fjorden und den vor allem in den Wintermonaten fast abgeschnittenen kleinen Orten. Besonders abwechslungsreich ist der Arnarfjörður [B2].

**(26) Siglufjörður** Kaum ein Ort hat eine so malerische Kulisse. Eine alpine Bergwelt umrahmt das Küstenstädtchen › **S. 106**, sodass Schweizer Touristen es schon »Klein St. Moritz« nannten. Am größten ist der Landschaftseindruck, wenn man über die Straße Nr. 76 dorthinfährt.

**(27) Basalthöhle** Basaltsäulen, die wie Orgelpfeifen nebeneinander stehen, bilden die Höhle am Reynisfjara-Strand › **S. 125**, und das klickende Geräusch, wenn die Bran-

dung über die schwarzen Lavakiesel zurückflutet, verstärkt noch die zauberhafte Atmosphäre.

**(28) Die Wasserfälle vor dem Skógafoss** Natürlich ist schon der große Wasserfall bei Skógar › **S. 126** beeindruckend, doch wer sich die Mühe macht und den schönen Wanderweg in Richtung Gletscher einschlägt, kann über zahllose weitere Wasserfälle in fast allen Größen staunen.

**(29) Die Weite des Hochlands** Irgendwo im Sprengisandur › **S. 143** anhalten, aussteigen, schauen und die Stille genießen. Nichts als Steine und Lava, nichts als graue Weite. Alles um einen vergessen. Das ist Islands Traumlandschaft.

**(30) Die Farben** Wer sich Landmannalaugar nähert, der taucht immer wieder in ein Landschaftsgemälde ein. Vor allem der See Frostaðavatn [D5] lohnt einen Stopp, mit der Komposition aus Blau-Grün-Tönen. Beinahe surreal muten die Farben an, die sich so schnell wie das Wetter verändern.

# … mit nach Hause nehmen sollten

**(31) Geräucherter Lachs** Frisch gefangen, angenehm geräuchert – und besonders lecker dazu eine Senfsoße. Überall erhältlich, und wer den Fisch nicht in den Koffer packen will, kann ihn auch noch am Flughafen kaufen.

**32 Isländische Musik** Mit ihrem Sound aus schwebenden Klängen und ihrer Musik zur Fantasy-Serie »Game of Thrones« ist die Band Sigur Rós auf dem besten Weg zum Superstartum. Bei 12 Tónar [b2] in Reykjavík können Sie in Ruhe in die verschiedenen CDs reinhören (Skólavörðustígur 15, www.12tonar.is).

**33 Bildbände** Isländische Fotografen haben eine ganz besondere Sicht auf ihr Land – ihnen gelingen hervorragende Aufnahmen, die manchmal Gemälden gleichen. In der Buchhandlung Eymundsson › **S. 60** werden Sie fündig.

**34 Lavasand** Ein kleines Glas mit Lavasand, ob schwarz oder gelb, ist ein sehr spezielles Souvenir.

**35 Asche vom Eyjafjallajökull** 2010 legte sie den Flugverkehr über Europa und dem Atlantik lahm, heute kann man sie im Þorvaldseyri Visitor Center › **S. 130** kaufen.

Große Lavabrocken besser liegen lassen

**36 Wollsachen** Egal ob es der klassische Pullover ist, Strümpfe oder Handschuhe: Das Angebot ist sehr breit, und vielerorts wird es noch durch Handgefertigtes ergänzt. Von der Wolle bis zum fertigen Pullover reicht das Angebot der Handknitting Association of Iceland [b2] (Skólavörðustígur 19, Reykjavík, www.handknit.is).

**37 Eingelegte Lammkoteletts** Sie sind eingeschweißt, einfach zu transportieren, und an Ihrem nächsten Grillabend machen Sie damit Furore. Das Fleisch ist ausgezeichnet, fertig gewürzt – von innen und von außen. In allen Supermärkten erhältlich.

**38 Isländische Mode** Einige isländische Modeschöpfer verbinden ungewöhnliche Schnitte mit etwas Extravaganz und verarbeiten u. a. isländische Wolle. Ein Besuch bei Spaksmannssparir › **S. 60** lohnt sich.

**39 Kaffee** Sicher, Island ist kein Kaffee-Anbauland, doch es gibt eine eigene Rösterei: Kaffitar [b2]. Der Kaffee ist kräftig, aber nicht bitter, und mit jedem Schluck fühlt man sich in eines der vielen Cafés Islands zurückversetzt (mehrere Shops in Reykjavík, z. B. Bankastræti 8, www.kaffitar.is/en).

**40 Gletscherwasser** Wenn Sie es nicht selbst auf dem Gletscher abfüllen möchten, können Sie auch die gereinigte und sehr schmackhafte Flaschenversion »Icelandic glacial« aus dem Supermarkt wählen.

# … bleiben lassen sollten

**(41) In Badekleidung duschen** Das Tolle an Islands Schwimmbädern ist u. a., dass sie nicht gechlort sind. Deshalb wird erwartet, dass jeder sich gründlich reinigt. Wie, zeigen Bilder in den Duschen – auf jeden Fall aber ohne Badekleidung.

**(42) Ins Dampfbad ohne Badekleidung** Umgekehrt gilt: In Sauna oder Dampfbad immer mit! Nackt schickt sich einfach nicht, schließlich sind es gemischte Dampfbäder. Aus mitteleuropäischer Sicht könnte man das auch prüde nennen.

**(43) Feilschen** Auch wenn Ihnen mancher Preis recht hoch erscheinen mag: In Island wird nicht gefeilscht. Dafür gibt es aber auch regelmäßig *útsala* – Ausverkauf – mit reduzierter Ware. Und die Steuer erhält man anteilig ja auch zurück.

**(44) In der Hochsaison kommen** Island ist inzwischen so angesagt, dass man den Sommer besser auslässt. Vermeiden Sie zumindest den Goldenen Kreis › S. 64 zu dieser Zeit. Es ist wie Rüdesheimer Drosselgasse und Kölner Karneval zusammen: Tausende von Menschen.

**(45) Steine mitnehmen** Lassen Sie die Steine dort, wo Sie sie gefunden haben. Ein kleiner Kiesel ist damit nicht gemeint, das große Stück Lava aber schon. Wenn es sein muss, können Sie Steine, manchmal bearbeitet, auch kaufen.

**(46) Steinmännchen bauen** Klar macht es Spaß, Steine aufeinander zu schichten, doch die Steinmännchen am Wegesrand dienen bis heute weniger der Zierde als der Orientierung – es sind Wegmarken. Um niemanden in die Irre zu führen, errichten Sie besser keine weiteren – und bauen schon gar nicht alte ab!

**(47) Brotzeit vom Frühstücksbüfett** Keiner verhungert in Island, und alle Busfahrer machen Pausen, deshalb sollte man sich keine Brotzeiten vom Büfett einpacken. Leider gelten deutsche Reisende als besonders einpackfreudig. Einige Hoteliers sind schon schwer genervt.

**(48) Dresscodes missachten** Packen Sie die entsprechende Garderobe ein, wenn Sie in einem eleganten Restaurant am Wochenende essen wollen. Isländer kleiden sich schick, wenn sie ausgehen; Trekkinghosen passen dort nicht hin.

**(49) Parken in Reykjavík** Natürlich können Sie parken, aber in der Innenstadt ist es fast überall kostenpflichtig, und Falschparker werden recht gern aufgeschrieben. In diesem Fall zahlen Sie besser sofort.

**(50) Outdoor-Regeln ignorieren** Nichts ist aufregender, als in Island mit dem Zelt unterwegs zu sein und zu übernachten, wo man möchte. Doch bei aller Freiheit gilt es, Regeln einzuhalten. Dazu gehört z. B. kein offenes Feuer zu machen und während der Brutzeit nicht in Vogelschutzgebiete zu laufen.

# Was steckt dahinter?

Die kleinen Geheimnisse sind oftmals die spannendsten. Wir erzählen die Geschichten hinter den Kulissen und lüften für Sie den Vorhang.

## Warum riecht das warme Wasser manchmal nach Schwefel?

Manchmal umstreicht einen beim Öffnen des Wasserhahns ein etwas unangenehmer Geruch, auch wenn das in Hotels oder Gästehäusern glücklicherweise seltener vorkommt. Sich darüber zu beschweren wäre nicht nur unhöflich, sondern auch sinnlos, denn das weiche, gute Wasser stammt aus den heißen Quellen, und einige liegen nun mal in Gebieten mit Solfataren. Die Qualität des Wassers ist davon unberührt hervorragend.

Ein wenig Vorsicht schadet aber in anderer Hinsicht nicht: Auch wenn das heiße Wasser oft noch heruntergekühlt wird, ist seine Temperatur immer noch recht hoch – also verbrühen Sie sich nicht!

## Brauchen Isländer wirklich eine Anti-Inzest-App?

Tatsächlich gibt es seit 2013 eine App für Smartphones, mit denen Isländer in Sekundenschnelle ihr Verwandtschaftsverhältnis zum potenziellen Flirtpartner prüfen können. Hintergrund ist, dass alle Bewohner der Insel von einer kleinen Gruppe Wikinger abstammen, die Island im 9. Jh. besiedelten, und somit mindestens in der 11. Generation miteinander verwandt sind. Dass Isländer leidenschaftliche Ahnenforscher sind, verwundert da nicht. Schon seit Jahrzehnten, wenn nicht seit Jahrhunderten will man die Familienzugehörigkeit kennen. Musste man dazu früher Kirchenbücher und Sagas lesen, so gibt es heute – weltweit einzigartig – eine Datenbank, die die Verwandschaftsverhältnisse aller Isländer enthält und für Einheimische kostenlos einsehbar ist. Der »Inzest-Alarm« auf dem Handy ist da nur ein netter Gimmick. Oder sollte die angebaggerte Person vielleicht doch eine Cousine oder ein Cousin sein?

## Warum ist das Telefonbuch nach Vornamen geordnet?

Im Isländischen gibt es keine Familiennamen – Ausnahmen bestätigen die Regel. Isländische Namen bestehen aus dem Namen und dem Vatersnamen, an den die Endung -son (Sohn) oder -dóttir (Tochter) gehängt wird, etwa Jón Ólafsson oder Harpa Ólafsdóttir. Deshalb klingen isländische Namen für uns auch oft gleich mit den -sons und -dóttirs. Aber es sind keine Familiennamen – Jón Ólafssons Sohn würde z. B. Einar Jónsson heißen. Somit ist der Vorname der persönliche Name, und den sucht man dann auch im Telefonbuch. Um Verwechslungen vorzubeugen, geben viele zusätzlich ihren zweiten Namen an. Bei der direkten Anrede heißt es einfach Jón oder Harpa.

Die Hallgrímskirkja in Reykjavík mit dem Denkmal für Leifur Eiríksson

# REISE-PLANUNG & ADRESSEN

# Die Reiseregion im Überblick

**Reykjavík, die lebendige kleine Metropole Islands – nicht nur Hauptstadt, sondern auch Kultur- und Geschäftszentrum der Insel –, steht für die meisten Besucher am Beginn ihrer Reise.**

Von der Hauptstadt aus lässt sich die Insel erobern, hier erhält man Informationen und findet Veranstalter für Touren und Tagesausflüge.

Ein klassischer Ausflug, der sogenannte **Goldene Kreis**, führt von Reykjavík in Richtung Osten zu einigen der berühmtesten landschaftlichen Attraktionen des Landes: nach Þingvellir, Wiege der isländischen Geschichte und Kultur, zum Geysir und seinem aktiven kleinen Nachbarn Strokkur sowie zum wunderschönen Wasserfall Gullfoss.

Nur wenig außerhalb des hauptstädtischen Ballungsraums zieht die faszinierende Vulkanlandschaft der südwestlich gelegenen Halbinsel **Reykjanes** mit der berühmten Blauen Lagune die Besucher in ihren Bann.

Fährt man auf der Ringstraße Nr. 1 – dem Hauptverkehrsweg der Insel – Richtung Norden, gelangt man in den abwechslungsreichen **Westen** mit der Halbinsel Snæfellsnes und den tatzenförmig ins Meer ragenden Westfjorden: eine raue Region von herber Schönheit mit steilen Felsklippen, grünen Berghängen und verlassenen Höfen. Im Westen lebte im 11. Jh. der Politiker und Autor Snorri Sturluson. Das Gebiet ist Schauplatz einiger bedeutender Sagas – und hier wurde der große Seefahrer Leifur Eiríksson (970–1020) geboren.

Im Westteil des isländischen **Nordens** sind Landwirtschaft und vor allem Pferdezucht verbreitet, weiter östlich liegt die Hauptstadt des Nordens, **Akureyri**. Nicht weit entfernt lassen sich etliche historisch interessante Orte erkunden, z. T. mit spannenden Museen. Zu den Besuchermagneten dieser Region gehören der berühmte »Mückensee«

## Daran gedacht?

### Einfach abhaken und entspannt abreisen

- [ ] Reisepass / Personalausweis
- [ ] Flugtickets
- [ ] Auslandskrankenversicherung abschließen
- [ ] Führerschein (Leihwagen)
- [ ] Babysitter für Pflanzen und Tiere organisiert
- [ ] Zeitungsabo umleiten / abbestellen
- [ ] Postvertretung organisiert
- [ ] Hauptwasserhahn abdrehen
- [ ] Fenster zumachen
- [ ] Nicht den AB besprechen »Wir sind für zwei Wochen nicht da«
- [ ] Kreditkarte einstecken
- [ ] Medikamente einpacken
- [ ] Ladegeräte

Þingvellir: der Hof Þingvalla am Fluss Öxará

Mývatn mit seiner einzigartigen Vulkanlandschaft und den dort lebenden großen Wasservogelkolonien sowie der Hafenort Húsavík, wo sich alles um Wale und die Beobachtung der Meeressäuger dreht.

Zum **Osten** gehören die nördliche Fjordlandschaft und der Ostteil des größten Gletschers in Europa, Vatnajökull, der mit seiner majestätischen Eiskappe die angrenzende Küsten- und Berglandschaft prägt.

Zwischen dem mächtigen Vatnajökull und Reykjavík erstreckt sich der **Süden,** eine Region, die zu Recht mit dem Schlagwort »Vielfalt« für sich wirbt. Großartige Erlebnisse für Naturliebhaber sind eine Bootsfahrt auf der Gletscherlagune Jökulsárlón und Wanderungen im Vatnajökull-Nationalpark, der nicht nur den gesamten Gletscher umfasst, sondern u. a. auch die Landschaft der Lakagígar; im Norden gehören auch das Gebiet mit dem Bergmassiv Dyngjufjöll und Ásbyrgi dazu. Im Anschluss durchquert man riesige schwarze Sanderflächen, durchzogen von den breiten Abflüssen der Gletscher, weiter westlich wird es immer grüner: Hier erstreckt sich ein wichtiges Landwirtschaftsgebiet Islands. Zugleich finden sich kulturhistorisch interessante Stätten wie der Bischofssitz Skálholt oder die Handlungsorte der bekannten Njáls saga. Mit der Fähre gelangt man auf die Inselgruppe Vestmannaeyar mit ihrer einzigen bewohnten Insel Heimaey. Dort sieht man noch heute die eindrucksvollen Lavamassen des 1973 ausgebrochenen Vulkans Eldfell.

Das **Hochland** zeigt sich als menschenleere Wildnis aus weiten Geröll- und Lavafeldern mit Gletschern und markanten Bergen – eine Herausforderung für erfahrene Allradfahrer, Mountainbiker und Wanderer. Mehrere Pisten in Nord-Süd-Richtung durchziehen die Ödnis, wie der Kjalvegur, der an dem Gebirge Kerlingarfjöll vorbeiführt. Hier sprudeln heiße Quellen in unmittelbarer Nachbarschaft zu großen Schneefeldern, umgeben von steilen Liparitbergen. Weiter östlich liegt die gewaltige Caldera Askja.

# Klima & Reisezeit

**Regen, Wind und Kälte sind keineswegs die einzigen Zutaten des isländischen Wetters. Zwar sorgen die aktive Westwinddrift und das berüchtigte Islandtief häufig für wechselhaftes Wetter und mäßige Temperaturen (Sommer 15–20 °C, Winter um oder knapp unter 0 °C), …**

… doch wenn es im Südwesten regnet, kann es im Nordosten im Windschatten der Berge zur gleichen Zeit trocken sein – und umgekehrt. In Reykjavík regnet es mit 779 mm jährlich fast ein Viertel weniger als in München (946 mm). Die höchsten Niederschlagsmengen (über 4000 mm/Jahr) treten südlich der großen Gletscher auf.

Generell ist es im Süden Islands feuchter und wärmer als im Norden. Mehrtägige Hochdrucklagen mit trockenem, im Sommer über

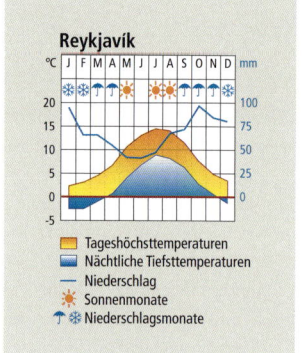

20 °C warmem Wetter sind nicht selten. Mit Wind und unvermittelten Wetterwechseln muss aber immer gerechnet werden.

Die Ferienzeit und damit Hochsaison der Isländer dauert von Mitte Juni bis Ende August. Das Wetter ist in diesem Monaten oft gut, und aufgrund der nördlichen Lage gibt es rund 20 Stunden Tageslicht. Flüge und Busse verkehren häufig, das Unterkunfts- und Freizeitangebot ist groß. Die Preise liegen um 30 % höher als sonst.

Im September wird es schon kälter, doch erlebt man eine farbenprächtige Herbstvegetation. Im Winter ist das Reisen witterungsbedingt und wegen der kurzen Helligkeitsperioden eingeschränkt, doch in Reykjavík und den größeren Orten gibt es ganzjährig touristische Angebote. Um Weihnachten sind die Preise wieder hoch und einige Einrichtungen geschlossen.

## Aktiv- oder Kulturreise?

Für alle, die aktiv und etwas abenteuerlich reisen wollen, ist Island geradezu ideal. Wanderer, Mountainbiker oder Geländewagenfahrer finden reichlich Raum und Wege. Wer gern wandert, kann sich Tagestouren oder mehrwöchige Treks vornehmen, je nach Erfahrung und Kondition. Reizvolle Tageswanderungen bieten sich an vielen Orten an und lassen sich gut mit Busfahrten oder Schiffsausflügen kombinieren. Beliebte Gebiete finden sich im Hochland bei Hveravellir oder Landmannalaugar und im Nordwesten. An

Gletscherwanderer auf dem Vatnajökull

der Ringstraße liegen z. B. Skaftafell oder Skógar, wo es markierte Wanderwege gibt. Daneben kann man Raftingtouren auf den Gletscherflüssen unternehmen, auf Islandpferden reiten oder mit dem Schneemobil die Gletscher erkunden. Auch die Kajakangebote werden ausgebaut.

Doch genauso reizvoll ist eine kulturgeschichtliche Reise durch das Land. Auf den Spuren von Sagagestalten erschließt sich die Landschaft sehr gut. Zahlreiche Museen zeigen, wie hart das Leben der früheren Bauern und Fischer im Land war. Um Island noch besser zu verstehen, bieten sich auch Besuche in den Kraftwerken an. Zum einen erfährt man, wie die geothermische Energie und die Wasserkraft genutzt werden, zum anderen stehen einige dieser Werke in geologisch interessanten Gebieten wie z. B. am Vulkan Krafla.

# Anreise

## Per Flugzeug

Das dichteste Linienflugnetz unterhält Icelandair: Ganzjährig gibt es Direktflüge ab Frankfurt, Amsterdam, Kopenhagen oder London, im Sommer bestehen zusätzliche Verbindungen (Tel. 0 69/29 99 78, www.icelandair.de). Auch die Lufthansa (www.lufthansa.com) bietet Direktflüge an. Air Berlin (www.airberlin.com) fliegt ab Düsseldorf, München, Hamburg, Berlin-Tegel, Stuttgart und Wien mehrmals pro Woche. Mit dem günstigen isländischen Carrier WOW-Air kann man ganzjährig von Frankfurt und Berlin nach Island fliegen (Buchungscenter Tel. 040/30 18 74 20, http://wow-air.de). Die SAS (www.flysas.com) fliegt ab Kopenhagen direkt nach Island und ist über Anschlussflüge an deutsche Flughäfen angekoppelt. Eurowings fliegt von Mai bis September von deutschen Flughäfen sowie von Wien und Zürich aus (www.eurowings.com). Alle internationalen Flüge landen am Flughafen Leifur Eiríksson in Keflavík, 48 km westl. von Reykjavík › **S. 62.**

## Mit der Fähre

Die Autofähre »Norröna« nach Seyðisfjörður verkehrt ganzjährig mit Abfahrten ab Hirtshals (Dänemark) via Tórshavn (Färöer-Inseln), doch ist der Fahrplan im Winter unregelmäßig, da dann v. a. Frachtfahrten durchgeführt werden. Abfahrt im Sommer Di in Hirtshals und Do in Seyðisfjörður, Ende März–Mitte Juni sowie Ende Aug.–Okt. Sa ab Hirtshals und Mi ab Seyðisfjörður. Im Sommer kann man auch Sa fahren und dann drei Tage in Tórshavn bleiben, was sehr lohnend ist (Tel. 04 31/20 08 86, www.smyrilline.de).

# Reisen im Land

## Mit dem Flugzeug

Es ist ratsam, Inlandsflüge im Voraus zu reservieren. Ideal ist die Buchung über das Internet, da es je nach Auslastung Sonderangebote gibt.

Air Iceland fliegt von Reykjavík aus Akureyri, Egilsstaðir, Ísafjörður und Heimaey an, von Akureyri gibt es Verbindungen nach Grímsey, Þórshöfn und Vopnafjörður. Auch Tagestouren per Flugzeug sind mit Air Iceland möglich, sowohl innerhalb Islands als auch nach Grönland. Seit Februar 2017 gibt es auch einen Direktflug von Keflavík nach Akureyri.

Linienflüge nach Grönland und auf die Färöer-Inseln gehen vom Inlandsflughafen in Reykjavík ab, der mit dem Stadtbus (Linie 15) zu erreichen ist (www.airiceland.is). Eagle Air (www.ernir.is) fliegt mehrmals wöchentlich nach Bíldudalur, Gjögur, Húsavík, Höfn und Heimaey und bietet außerdem Charter- und Rundflüge an.

## Mit dem Bus

Ein sehr gut ausgebautes Busnetz deckt vor allem im Sommer fast alle bewohnten Teile der Insel und das Hochland ab. Die Ringstraße wird im Sommer täglich befahren (Juni–Aug., Teilabschnitte auch bis Mitte Sept. oder sogar ganzjährig). Sehr zu empfehlen sind die Buspässe der großen Gesellschaften. Im Angebot von Sterna findet sich u. a. ein Rundreise-Pass *(Hringmiði)*, der von Juni bis August mit vorgegebener Richtung gilt. Reykjavík Excursions bietet sog. Highland-Pässe für Fahrten ins Hochland an. Infos zu den Buspässen unter www.nat.is, www.sterna.is, www.bsi.is.

## Mit der Fähre

Die Inseln vor der Küste wie Grímsey, Hrísey und die Westmänner-Inseln sind durch regelmäßige Fährdienste angebunden. Ab Ende September werden die Verbindungen eingeschränkt, im Winter teils eingestellt. Es gibt auch eine Fährverbindung zwischen Stykkishólmur und Brjánslækur (Westfjorde). Fahrpläne unter www.nat.is.

Viele Pisten können nur mit Geländewagen befahren werden

## Mit dem Mietwagen

Für die Hochlandstrecken sind ein Geländewagen und Fahrerfahrung nötig
› S. 139. Zudem sind nicht alle Straßen asphaltiert. In den Wintermonaten
oder bei ungünstiger Witterung werden einige Straßen gesperrt, Informationen unter www.vegagerdin.is. Ansonsten ist Autofahren in Island unpro-
blematisch, auch mit dem eigenen Fahrzeug.

Die Schalter der Mietwagenfirmen am Flughafen Keflavík sind im Sommer oft rund um die Uhr besetzt. Wegen der teuren Taxi- bzw. Transferbus-
fahrt nach Reykjavík ist es ratsam, trotz der Zusatzgebühren einen Mietwagen oder ein Wohnmobil ggf. ab und bis Keflavík zu reservieren. Bei
Allradwagen sollte die Ausstattung (Ersatzrad, Werkzeug, Kühlerdichtmit-
tel, Abschleppkette, Fußpumpe für Reifen) gründlich überprüft werden. Die
meisten Mietwagenfirmen verlangen ein Mindestalter des Fahrers von
20 Jahren (Allradwagen: 23 Jahre) sowie eine Kaution auf Kreditkarte.

Die Straßen in Island sind in einigen Teilen recht befahren, aber abseits
der Ringstraße ist wenig los. Das Netz an Tankstellen ist ausreichend dicht.
Nach 23 Uhr schließen Tankstellen in verkehrsarmen Regionen (z. B. in den
Westfjorden); wegen der hellen Sommernächte realisiert man dies oft zu
spät. In abgelegenen Regionen setzen sich mehr und mehr Zapfsäulen
durch, die 24 Stunden mit Kreditkarte zu benutzen sind. Die großen Tank-
stellenbetreiber bieten zudem eine Prepaid-Tankkarte für die betreffenden
Zapfsäulen an. Tanken Sie möglichst bei jedem Zwischenstopp und nehmen
Sie mindestens einen Reservekanister mit. Vor allem Jeeps sind im Allrad-
betrieb Spritfresser.

Eine Islandrundfahrt dauert wegen der vielen Fjorde und Kurven länger,
als man zunächst vielleicht meint. Faustregel: Abseits der Ringstraße nicht
mehr als 200 km pro Tag einplanen. Im Hochland können Wetterstürze zu
Zwangspausen führen.

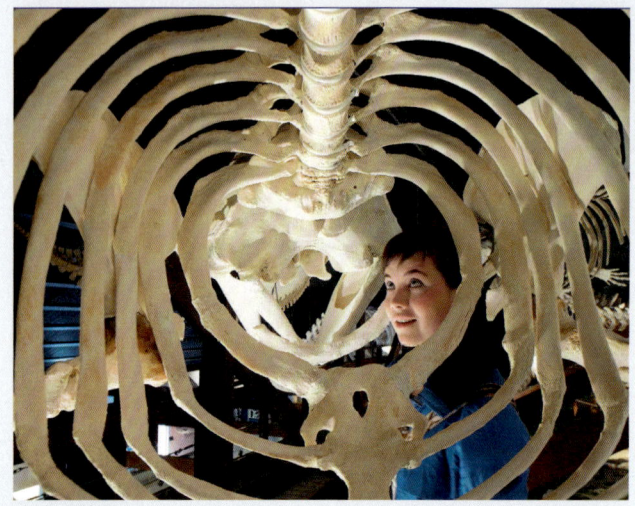

# Mit Kindern unterwegs

Island ist ein wunderbares Reiseland für Familien. Da die Isländer kinderfreundlich und im Sommer reiselustig sind, findet man auf Zeltplätzen und in Schwimmbädern sehr häufig Spielplätze. Kinder bis vier Jahre zahlen für Transport und für Eintritte nichts, bis zwölf Jahre maximal die Hälfte.

## Reykjavík und Umgebung

Das **Freilichtmuseum Árbæjarsafn** › S. 61 mit seinem sommerlichen Familienprogramm, der **Haustier- und Familiengarten** mit isländischen Haustieren sowie Robben und Rentieren, Walbeobachtung › S. 31, Radtouren › S. 51 und das schöne Schwimmbad **Laugardalslaug** › S. 61 bieten viel Abwechslung.

In **Hafnarfjörður** › S. 69 fasziniert die Führung zum »versteckten Volk« der Elfen (Englischkenntnisse erforderlich!).

Das Wikingerschiff »Íslendingur« ist in **Keflavík** › S. 70 zu bestaunen, und man kann dabei viel über die Reisen der Wikinger in den Westen lernen.

- **Haustier- und Familiengarten** [C5]
  Múlavegur 2 | Reykjavík
  www.mu.is
  Mitte Mai–Aug. tgl. 10–18, sonst 10 bis 17 Uhr
- **Hidden Worlds Tour (Elfenführung)** [C5]
  Hafnarfjörður | www.alfar.is
  Di und Fr 15.30 Uhr, 1,5–2 Std. im Sommer, ansonsten nachfragen. Treff am Informationszentrum.

## Robben, Wale, Pferde

Nach dem Besuch des **Robbenzentrums** von Hvammstangi › S. 110

beobachtet man die Tiere an der Westküste der Halbinsel Vatnsnes. **Húsavík** › S. 100 ist *der* Walort Islands. Auch in Snæfellsnes und den Westfjorden kann man Wale vom Land aus sehen. Pferdefans finden in **Hólar** › S. 107 ihr Dorado.

## Lavahöhlen und Eriks Haus

Nahe Húsafell locken die **Lavahöhlen Surtshellir** › S. 81. Das **Egil-Ólafsson-Museum** › S. 86 in Hnjótur zeigt Boote und Flugzeuge. Papageitauchern kommt man in **Látrabjarg** › S. 86 ganz nah. Alles über Erik den Roten verrät das **Freilichtmuseum Eiríksstaðir** › S. 85.

- **Egil-Ólafsson-Museum** [A3]
  Hnjótur | Örlygshöfn
  Tel. 456 1511
  www.hnjotur.is
  Mai–Sept. tgl. 10–18 Uhr, sonst nach Vereinbarung.

- **Freilichtmuseum Eiríksstaðir** [C3]
  im Tal Haukadalur (Piste Nr. 586)
  Tel. 434 1118
  www.eiriksstadir.is
  Juni–Aug. tgl. 9–18 Uhr

## Gletscherfahrt im Osten

Die bunte, originale **Mineraliensammlung** in Stöðvarfjörður › S. 116 ist ein echter Hingucker. In Höfn › S. 117 dreht sich alles um den riesigen Gletscher Vatnajökull – unbedingt eine **Snowmobilfahrt** unternehmen!

- **Mineraliensammlung** [H4]
  Fjarðarbraut 21 | Stöðvarfjörður
  Tel. 475 8834
  www.steinapetra.is
  Mai–Sept. tgl. 9–18 Uhr, Okt.–April Mo–Fr 9–15 Uhr, Dez.–Jan. geschl.

## Auf den Spuren der Sagahelden

Zum Besuch des **Sagazentrums** in Hvolsvöllur › S. 127 passt anschließend eine Rundfahrt zu den Sagaorten, und auf einen aktiven Vulkan wie die **Hekla** › S. 128 zu wandern ist genauso aufregend wie eine Raftingtour auf dem Fluss Hvítá.

Im August sammeln Kinder auf der Westmänner-Insel **Heimaey** › S. 132 junge Papageitaucher ein, die sich in den Straßen verirrt haben, und lassen sie am Strand frei – ein einmaliges Erlebnis!

## Im Hochland

In der kargen Landschaft im Landesinneren entdeckt man immer wieder Trolle – die zum Glück nur aus Lavastein bestehen.

**BUCHTIPP: Brian Pilkington: »Isländische Trolle«, in Island erhältlich. Mit einer Landkarte, auf der die größten Trolle verzeichnet sind.**

## Familienfreundlich schlafen

Bauernhöfe mit ihren Tieren, mit der Möglichkeit zur Vogelbeobachtung oder als Ausgangspunkt für Angeltouren sind ideale Unterkünfte für Familien (Infos unter www.heyiceland.is).

Einige Höfe, aber auch viele Zeltplätze bieten zusätzlich Hütten an: Diese haben meist zwei Schlafzimmer und immer auch eine Kochgelegenheit.

In Hotels und Gästehäusern gibt es Familienzimmer, nach Anmeldung oft auch Kinderbetten.

# Sport & Aktivitäten

Island bietet Outdoor-Aktivitäten für jeden: Extremsportler wie Eiskletterer und Alpinisten finden hervorragende Berge, Golfspieler haben eine große Auswahl an Plätzen, und Radfahrer lieben die Insel.

## Bergsteigen und Wandern

Weil es oft nur in den Nationalparks markierte Wege gibt, sollte man unbedingt einen Kompass bzw. ein GPS-Gerät und Detailkarten mitnehmen und niemals alleine losziehen. Die Temperatur der Flüsse, die es zu durchwaten gilt, steigt auch im Sommer nicht über 4 °C, wobei der niedrigste Wasserstand oft am frühen Vormittag erreicht wird.

Für Mehrtagestouren braucht man wind- und wetterfeste Ausrüstung, mit Wetterumschwüngen jeder Art muss man immer rechnen. Ideale Wandergebiete findet man in den Westfjorden, z. B. Hornstrandir, oder auch im Hochland.

In den Bergen stellt das oft poröse und lockere Gestein hohe Anforderungen. Erfahrung und eine gute Ausrüstung sind für Bergtouren ohne Guide unbedingte Voraussetzung. Sehr attraktive Ziele sind die Gebirge im Hochland.

Die beiden isländischen Wandervereine geben nicht nur Tipps, sondern führen auch selbst organisierte Wanderungen durch:

### Ferðafélag Íslands
• Tel. 568 2533 | www.fi.is

### Útivist
• Tel. 562 1000
  www.utivist.is

## Radfahren

Radreisende sollten ein stabiles 28-Zoll-Tourenrad – besser 26 Zoll – oder ein Mountainbike wählen und beachten, dass fast alle Straßentunnel für Radfahrer gesperrt sind. Beste Ausrüstung ist unerlässlich.

Wertvolle Tipps und Verleihadressen nennt **The Icelandic Mountainbike Club** (Brekkustígur 2, 101 Reykjavík, Tel. 562 0099, http://fjallahjolaklubburinn.is.

## Golf

Golfplätze stehen Gästen gegen eine geringe Tagesgebühr offen. Etliche Plätze liegen sehr schön, einige haben kleine Clubhäuser. Da Golf in Island ein Familiensport ist, geht es auf den Plätzen zwanglos zu. Infos: http://golficeland.org.

## Rafting

Über die Stromschnellen der Gletscherflüsse zu fahren ist ein besonderes Erlebnis. Die Angebote richten sich an Familien, aber auch an echte Abenteurer. Auskünfte in den Touristeninformationen sowie bei www.arcticrafting.is.

## Reiten

Weil selbst Anfänger im trabähnlichen Tölt oder dem schnelleren Pass, den beiden Spezial-Gangarten der Islandpferde, ruhig im Sattel sit-

Mit dem Mountainbike kann man Islands Natur hautnah erleben

zen, ist ein Reiterlebnis auch für Ungeübte garantiert. Die meisten der deutsch oder englisch sprechenden Begleiter sind sehr erfahren.

Die Höfe **Elðhestar** › S. 69 bei Hveragerði und **Íshestar** in Hafnarfjörður (Tel. 555 7000, www.ishestar.is) sind auf Reitferien spezialisiert; beliebt sind die mehrtägigen Ausritte. Im Norden bei Hvammstangi ist der Hof **Brekkulækur** (Tel. 451 2938, www.abbi-island.is) zu empfehlen. Viele Infos rund um die Islandpferde vermittelt www.icehorse-experience.is.

**Zaumzeug aus Leder darf nicht eingeführt werden, für übriges Zubehör ist eine Desinfektion vorgeschrieben. Am besten leiht man die Reitsachen auf dem jeweiligen Hof aus.**

### Superjeep

Jeepsafaris führen z. B. ins Þórsmörk-Tal, ins farbenfrohe Landmannalaugar (dorthin im Sommer auch Busse) oder auf Gletscher. An Bord sind in der Regel Gruppen mit mindestens 2 und maximal 8 Reisenden. Vielfältige Touren ab Reykjavík veranstalten die **Mountaineers of Iceland** (Tel. 580 9900, www.mountaineers.is).

### Vogelbeobachtung

Für Vogelfreunde ist Island ein Paradies. Zahllose Seevögel, v. a. Papageitaucher, aber auch andere Vögel kann man beobachten. Einige Bauernhöfe bieten Touren an.

Vogelkundliche Wanderungen mit Deutsch sprechenden Führern veranstalten **Erlingsson Naturreisen Island** (Info-Tel. 062 51/98 99 20, www.naturreisen.is) sowie **Arinbjörn Jóhansson Erlebnistouren** (www.abbi-island.is).

### Walbeobachtung

Zu den eindrucksvollsten Erlebnissen eines Islandurlaubs gehört eine Walbeobachtungsfahrt. Diese Bootstouren werden – sogar mit Sichtungsgarantie – in den meisten Küstenorten angeboten, z. B. in Reykjavík, Keflavík, Akureyri oder

Walbeobachtung ist in Island an vielen Orten möglich

### Alter Hafen [a1]
• Alter Hafen/Ægigarður | Reykjavík
Tel. 560 8800 | www.specialtours.is
Ganzjährig, April–Sept. mehrmals tgl.

### Whales.is/Niels Jónsson [E2]
• Hauganes | Dalvík
Tel. 867 00 00 | www.whales.is
Mai–Okt. tgl.

### North Sailing [E2]
• Hafnarstett 11 | Husavík
Tel. 464 72 72 | www.northsailing.is
März–Nov., April–Okt. mehrmals tgl.

## Wintersport

Im Winter sind sowohl Lang- als auch Alpinskilauf möglich. Skigebiete gibt es z. B. im Bláfjöll südlich von Reykjavík, oberhalb von Akureyri am Hlíðarfjall oder in Siglufjörður. Für Langlauftouren sind der Nordwesten und das Mývatn-Gebiet beliebte Ziele der Isländer. Außerdem werden Snowmobiltouren angeboten; die Strecken sind markiert.

Húsavík. Die Bootsführer sind sehr erfahren und erklären die unterschiedlichen Arten. Während der Hochsaison gibt es meist mehrere Ausfahrten täglich, die Touren dauern zwischen 2,5 und 3,5 Stunden.

### Elding [a1]
• Alter Hafen/Ægigarður 5 | Reykjavík
Tel. 519 50 00 | www.elding.is
Ganzjährig mehrmals tgl.

# Unterkunft

Unterkünfte in Island sind zahlreich, vielfältig und oft teuer, etliche Reisende mieten daher kleine sog. Camper, in denen sie übernachten. Hotels und Gästehäuser verfügen über eine gute Standardausstattung. Die meisten Unterkünfte bieten Reykjavík und die Orte entlang der Ringstraße, im Hochland gibt es nur Hütten und Zeltplätze.

### Hotels & Bauernhöfe
Die **Hotels** entsprechen meist Business-Standards. Von den internationalen Ketten sind nur Hilton, Radisson SAS und Best Western vertreten, sonst lokale Ketten wie Icelandair Hotels (www.icelandairhotels.is) oder die 14 Häuser der Fosshotel-Gruppe (www.fosshotel.is). 2017 soll ein weiteres am Mývatn eröffnen.

In den ländlichen Regionen gibt es elf Edda-Hotels (www.hoteledda.is); die Sommerunterkünfte in Schulen oder Internaten zählen meist zur Mittelklasse. Oft sind es die privaten Hotels, die etwas Besonderes bieten.

Günstiger ist meist die Unterkunft auf einem Bauernhof oder in einem Gasthaus, oft mit Familienanschluss. 199 Unterkünfte gelten als sog. **Farm Holidays**. Die zusätzlichen Angebote reichen von Reiten, Teilnahme am Pferde- oder Schafabtrieb oder Angeln mit den Hofbesitzern. Einige bieten auch Sommerhäuser an (http://de.visiticeland.com/plan-your-trip oder www.heyiceland.is).

## Jugendherbergen & Camping

Die preiswertesten Unterkünfte sind die 35 über das Land verteilten **Jugendherbergen**. Sie stehen allen offen und werden oft auch von Familien genutzt; im Sommer empfiehlt es sich, vorher zu buchen (www.hostel.is). In einigen Orten gibt es auch private Hostels.

Wanderer und Outdoor-Freunde können in **Berghütten** übernachten. Da diese oft im Besitz der isländischen Wandervereine sind, sollte vorab gebucht werden. Ansonsten empfiehlt es sich, ein Zelt mitzunehmen. 195 **Zeltplätze** stehen in den Sommermonaten (einige auch im Winter) zur Verfügung, einfach bis sehr gut ausgestattet. Pro Nacht und Person zahlt man etwa 2000 ISK. Das Angebot an Campern ist groß, entsprechend vorab über Internet buchen, z. B. bei www.campervan iceland.com. Rechnen Sie die zusätzlichen Kosten für Ausstattung mit ein. Wild campen ist erlaubt, sofern man Wiesen und Weiden bzw. eingezäunte Gebiete meidet.

Die Website des isländischen Fremdenverkehrsamtes führt auf Englisch eine Datenbank mit Unterkünften (www.visiticeland.com).

Private Zimmer und Wohnungen vermitteln z. B. www.airbnb.com und www.wimdu.de.

**! Erst-klassig**

### Originelle Herbergen

- Das **Hotel Borg** in Reykjavík ist ein 1930 erbautes Nobelhotel mit viel Flair. › S. 62
- Nirgends ist man den Wikingern näher als im **Hotel Viking** in Hafnarfjörður. › S. 70
- Das **Hotel Húsafell** fügt sich architektonisch gelungen in den Wald ein. Innen kann man Arbeiten des Künstlers Páll Guðmundsson bewundern. › S. 81
- Das **Sigló Hotel** in Siglufjörður lädt ein zum Träumen in kleinen Fensternischen mit Blick auf Fjord oder Hafen. › S. 107
- Gemütlich schläft man in der ehemaligen kleinen **Kirche in Stöðvarfjörður** – wenn man möchte, auf der Empore mit Blick auf den Altar. › S. 116
- Perfekter Ausgangspunkt für Hochlanderkundungen: Das **Hochlandzentrum** in Hrauneyjar bietet Zimmer für jeden Geldbeutel. › S. 144

Die Blaue Lagune bei Grindavík
nahe dem Flughafen Reykjavík

# LAND & LEUTE

# Steckbrief

- **Fläche:** 103 106 km² (inkl. Inseln), davon Weideland und kultivierte Nutzfläche 23,8 %, Ödland 64,5 %
- **Hauptstadt:** Reykjavík
- **Amtssprache:** Isländisch
- **Einwohner:** 337 610 (Sept. 2016)
- **Bevölkerungswachstum:** 1 %
- **Lebenserwartung:** Männer 80 Jahre, Frauen 83 Jahre
- **Nationalfeiertag:** 17. Juni (Geburtstag von Jón Sigurðsson 1811)
- **Internet-Kennung:** .is

- **Landesvorwahl:** +354
- **Währung:** Isländische Krone (ISK)
- **Zeitzone:** UTC + 0 (ehemals GMT), d. h. MEZ − 1 Std., keine Sommerzeit

## Lage

Island liegt genau auf dem Mittelatlantischen Rücken zwischen 63°17'30" und 67°07'05" nördlicher Breite sowie zwischen 13°16'07" und 24°32'12" westlicher Länge; die kleineren Inseln sind dabei berücksichtigt. Die nächsten Nachbarn sind im Nordwesten Grönland in 287 km Entfernung und die Färöer-Inseln, die 420 km entfernt im Südosten liegen. Die Ausdehnung des Inselstaates beträgt in Nord-Süd-Richtung rund 300 km, von Ost nach West rund 500 km.

## Politik und Verwaltung

Island ist eine parlamentarische Republik mit einem vom Volk gewählten Präsidenten als Staatsoberhaupt. Der Historiker Guðni Th. Jóhannesson hat seit dem 1. August 2016 das Amt inne. Die vorgezogenen Parlamentswahlen im Oktober 2016 konnte keine Partei klar für sich entscheiden; nach monatelangen Koalitionsverhandlungen wurde im Januar 2017 Bjarni Benediktsson von der Unabhängigkeitspartei neuer Premierminister.

Island ist in acht Bezirke oder Regionen gegliedert: Höfuðborgarsvæðið (Reykjavík), Suðurnes (Reykjanes), Vesturland, Vestfirðir, Norðurland vestra und eystra, Austurland und Suðurland. Die Bezirke sind in 22 Kreise *(sýslur)* und 20 kreisfreie Städte *(kaupstaðir)* aufgeteilt, mit jeweils eigenständigen Verwaltungen.

## Wirtschaft

Lange Jahre war die Fischindustrie der wichtigste Wirtschaftsfaktor und brachte die höchsten Einnahmen bei den Exporten. 2015 lag der Anteil der Fischprodukte nur noch bei rund 35 % des gesamten Exports, der Export von Aluminium liegt bei rund 40 %.

Dank der vorhandenen Energieressourcen – Geothermalenergie und Wasserkraft – können Aluminium oder Eisensilizium günstig aus australischen Rohstoffen produziert werden. Aluminiumschmelzen stehen bei Hafnarfjörður, Grundartangi und in Reyðafjörður. Neben der energieintensiven Industrie gilt auch die Hightechbranche als Wachstumssektor. Der Tourismus ist aktuell der wichtigste Devisenbringer, und die Zahlen der Besucher steigen stetig.

2008 stürzte die erfolgsverwöhnte Wirtschaft des Landes aufgrund der hohen Auslandsschulden der Privatbanken und der globalen Finanzkrise dramatisch ab. Zeitweise drohte sogar der Staatsbankrott. Heute geht es Island wirtschaftlich wieder ausgezeichnet, was vor allem der boomende Tourismus und die frei konvertierbare Isländische Krone befördert haben.

## Menschen

Die Bevölkerungsdichte – 3,1 Menschen pro km² – relativiert sich, wenn man auf die Verteilung blickt: Allein 65 % der Isländer leben im Großraum Reykjavík, die übrigen verteilen sich entlang der Küste.

Die evangelisch-lutherische Kirche dominiert, 80 % der Isländer gehören ihr an. Trotz der hohen Lebenserwartung droht in Island noch keine Überalterung, 12 % der Bewohner sind über 65 Jahre alt, demgegenüber sind 22 % unter 14. Vier von fünf Babys wachsen bei unverheirateten Eltern auf.

Bei der Namensgebung, die sich am skandinavischen Vaternamensrecht orientiert, erhalten die Kinder den Vornamen des Vaters als Nachnamen mit der Endung *-son* (Sohn) bzw. *-dóttir* (Tochter) › **S. 19**.

## Sprache und Schrift

Der Ursprung des Isländischen liegt im Altnordischen, das bis ins Mittelalter im gesamten skandinavischen Raum gesprochen wurde. Während sich jedoch die anderen skandinavischen Sprachen stärker veränderten, bewahrte das Isländische viele alte Strukturen, und so können Isländer mittelalterliche Texte lesen und größtenteils verstehen. Aus der Runenschrift stammt der Buchstabe Þ/þ (gesprochen wie ein hartes englisches th beispielsweise in *bath*). Weitere Sonderzeichen des Isländischen sind Ð/ð (stimmhaftes th wie in *that*) und Æ/æ (wie deutsch ei).

Um mit der Zeit zu gehen, schlägt das Institut für isländische Sprache der Universität Reykjavík regelmäßig Wortneuschöpfungen vor. Doch auch in Island werden englische Ausdrücke immer gebräuchlicher, vor allem bei den Jugendlichen und in der Wirtschafts- und Technologiewelt. Die Förderung der Fremdsprachenkenntnisse ist in Island genauso obligatorisch wie die Pflege der eigenen, identitätsbewahrenden Sprache.

# Geschichte im Überblick

**860** Der Norweger Flóki Vílgerðarson gibt der Insel den Namen »Eisland«, da die harten Winter und das dichte Treibeis seine Siedlungspläne in den Westfjorden zunichte gemacht hatten.

**874** Ingólfur Arnarson lässt sich in Reykjavík (»Rauchbucht«) nieder; ihm folgen rund 400 Siedler mit ihren Sippen.

**930** Die freien Bauern Islands gründen das *Alþing* (Althing), eine Volksversammlung, und damit auch den isländischen Freistaat. Rund 60 000 Menschen leben im 10. Jh. in Island.

**1000–1230** Annahme des Christentums auf dem Althing. Schon 1056 wird der erste Bischofssitz in Skálholt gegründet, 50 Jahre später der zweite in Hólar. Zeitalter der kulturellen Blüte, in dem auch die Sagas entstehen.

**1230–1262** Die Goden-Kämpfe während der Sturlungar-Zeit führen zum Ende des isländischen Freistaats, die Isländer erkennen den norwegischen König an.

**1380** Island und Norwegen fallen durch Erbfolge an die dänische Krone.

**1550** Der katholische Bischof Jón Arason wird auf Geheiß des Dänenkönigs in Skálholt enthauptet; die lutheranische dänische Staatskirche setzt sich mit Gewalt durch.

**1602** Einführung des dänischen Handelsmonopols.

**1800** Auf Befehl des dänischen Königs hin wird das Althing abgeschafft, am 8. März 1843 auf Druck der Unabhängigkeitsbewegung unter Jón Sigurðsson (1811 bis 1879) aber wieder eingesetzt.

**1854** Ende des dänischen Handelsmonopols.

**1874** Zur 1000-Jahr-Feier der Besiedlung überbringt der dänische König Christian IX. die Urkunde mit der neuen Verfassung, die dem Althing die gesetzgebende Gewalt und autonome Verwaltung der Finanzen zubilligt.

**1904** Hannes Hafstein (1861 bis 1922) löst als erster isländischer Minister den bisherigen dänischen Gouverneur ab.

**1918** Der dänische König bleibt Staatsoberhaupt, aber durch den Unionsvertrag wird Island ein souveräner Staat mit eigener Flagge.

**1944** Per Volksabstimmung gibt sich Island den Status einer unabhängigen Republik, die am 17. Juni in Þingvellir ausgerufen wird.

**1949** Island ist eines der Gründungsmitglieder der NATO.

**1951** Schutzabkommen mit den USA, die daraufhin einen Militärstützpunkt in Keflavík errichten.

**1952–76** Die schrittweise Ausdehnung der Fischereigrenzen auf 200 Seemeilen führt zu Konflikten mit anderen Fischerei-Nationen (»Kabeljaukriege«).

**1971** Mit dem »Codex Regius« der Lieder-Edda kommt die erste der alten isländischen Handschriften aus Dänemark zurück. 1987 ist die Rückführung abgeschlossen.

**1993** Island tritt dem EWR bei, acht Jahre später dem Schengen-Abkommen.

**2006** Die USA lösen ihre Militärbasis in Keflavík auf.

**2008** Island stürzt in eine dramatische Finanzmarktkrise mit drohendem Staatsbankrott.

**2009** Ein Mitte-Links-Bündnis aus Sozialdemokraten und Grünen gewinnt die Parlamentswahlen.

**2010** Die Asche des ausgebrochenen Eyjafjallajökull legt Mitte April den europäischen Flugverkehr weitgehend lahm.

**2013** Die Parlamentswahlen bringen wieder die Konservativen an die Macht.

**2014** Im August bricht der Vulkan Bárðarbunga aus; die Eruptionen halten sechs Monate lang an.

**2017** Der Konservative Bjarni Benediktsson wird Premierminister; die vorgezogenen Wahlen im Oktober 2016 hatten zunächst keinen klaren Sieger hervorgebracht.

# Natur & Umwelt

Island entstand vor rund 25 Mio. Jahren und ist somit erdgeschichtlich ein sehr junges Land. Als größte Vulkaninsel der Welt liegt es auf dem Mittelatlantischen Rücken, der die Bruchkante zwischen der eurasischen und der nordamerikanischen Kontinentalplatte bildet.

Island entstand an einer Stelle, an der Lava aus einem Vulkan dieser Gebirgskette bis an die Wasseroberfläche aufstieg und dort erstarrte; es unterliegt bis heute stetigen geologischen Veränderungen. Jährlich driften die beiden Platten um etwa 2 cm auseinander, und somit wächst auch Island, dessen Südwesten auf der amerikanischen und dessen Nordosten auf der eurasischen Kontinentalplatte liegt. Entlang der Riftzone kommt es immer wieder zu Ausbrüchen und Spalteneruptionen. Schnell schießen dann bis zu 1000 °C heiße Gesteinsmassen empor, erkalten und füllen damit die Lücken mit neuer Lava wieder auf. Die Erdaktivitäten lassen auf der Insel mehr als 200 Vulkane und rund 25 Hochtemperaturgebiete mit bis zu 200 °C heißen Schwefelquellen und Fumarolen rumoren und blubbern.

## Vulkanismus und Gletscher

In Island erlebt man Erdgeschichte live. Am ehesten fallen Schicht- oder Stratovulkane auf – Feuerberge wie der Snæfellsjökull oder die Hekla, die aus vielen Ascheschichten aufgebaut und deswegen sehr steil sind. Am Südwestufer des Mývatn haben sich Pseudokrater gebildet, als ein Lavastrom über eine Wasserfläche floss. Dabei entstand heißer Dampf, der sich explosionsartig einen Weg nach oben bahnte und die Krater hinterließ. In Hochtemperaturgebieten häufig anzutreffen sind Fumarolen, kleine Erdspalten an aktiven Vulkanzonen, die es in sich haben: Trifft Grundwasser auf das etwa 800–1200 °C heiße Magma, wird es explosionsartig erhitzt und schießt als stark $CO_2$-haltiger Dampf in die Höhe. Solfatare sind Schlammtöpfe, die Wasserdampf und Schwefelwasserstoff ausstoßen – Kennzeichen sind gelblich-weiße Ränder aus Salzkristallen und Schwefelablagerungen.

Prägend sind auch mächtige Gletscher wie Vatnajökull, Langjökull oder Hofsjökull. Die Eiszungen haben im Lauf der Zeit Basaltgestein zu Steinen und Sand zerrieben, das vom Schmelzwasser in Richtung Meer getragen wird. Die Folgen sind am Mýrdalssandur zu sehen – eine relativ ebene, eintönige Sanderfläche, die von der Ringstraße in zwei Hälften geteilt wird.

## Landschaftsformen

Nicht nur der Vulkanismus verändert die Landschaft, sondern auch der Mensch. Über 60 % der Insel sind Ödland, überwiegend aus erstarrter Lava bestehend. Den besten Eindruck davon erhält man im Hochland mit seinen Lava- und Schotterwüsten, Endmoränen und Gletschern. Mit einem Rekultivierungsprogramm versucht man, den Boden in den Hochlandgebieten vor Erosionseinflüssen zu schützen, und einige Regionen überzieht heute eine dünne Grasdecke.

Knapp 20 % der Landfläche werden als Weide- und etwa 1 % als Ackerland genutzt, vor allem im Süden. Die Landwirtschaft spielt zwar auch im übrigen Küstengebiet eine wirtschaftliche Rolle, aufgrund des geologischen Profils mit oft steilen Küsten ist eine großflächige Nutzung aber nicht möglich. Besonders im Nordwesten prägen Basaltgebirge die Küstenlinien, in die sich z. T. tiefe Fjorde eingegraben haben; hier wurden die meisten der

Islandpferde sind an das Klima der Insel ideal angepasst

abgeschiedenen Höfe aufgegeben. Typisch für den Süden sind auch die breiten, schwarzen Lavasandstrände und das riesige Sandergebiet zwischen Mýrdalsjökull und Vatnajökull. Aufgrund der staatlich verordneten Reduzierung der Schafe beteiligen sich viele Bauern alternativ am Wiederaufforstungsprogramm. Auch wenn die Begrünung der Insel ihrem Charakter zur Zeit der Besiedlung im 9. Jh. entspricht, fürchten Kritiker, dass die weiten Lupinenflächen, deren Aussaat zur Anreicherung des Bodens notwendig ist, langfristig aus der grünen Insel eine blaue machen.

Weite Teile von Islands Ostens stehen seit 2008 im größten Nationalpark Europas unter Schutz: Der Vatnajökull-Nationalpark, dessen Infrastruktur stetig ausgebaut wird, umfasst 14 % der Landesfläche und bezieht mehrere kleinere Nationalparks und Schutzgebiete mit ein.

## Flora

Nur auf den ersten Blick wirkt Islands Flora eintönig, immerhin gibt es ca. 450 höhere Pflanzenarten. Am steinigen Boden entdeckt man Fleckenmuster aus grau- bis gelbgrünen Moosen der Gattung *Rhacomitrium*. Dazwischen schimmern früh blühender Thymian, rosa Alpenheide, Schwarze Krähenbeere, Rauschbeere sowie viele Heidelbeersträucher. Im Hochland gedeihen Zwergbirken, deren Laub sich im Herbst gelb verfärbt. Hallormsstaðarskógur im Osten ist ein Wald, wie man ihn auch aus Mitteleuropa kennt; neben den Wiederaufforstungswäldern gibt es kleine subpolare Birkenwälder, die der Abholzung und dem Verbiss durch Schafe trotzen.

## Fauna

Auch Islands Tierwelt ist, vor allem wegen der isolierten Insellage, recht artenarm. Eine einzige Säugetierart, den Polarfuchs, gab es schon, bevor die ersten Siedler kamen. Andere Arten wie Rentiere, Nerze oder Ratten und Mäuse wurden eingeführt.

Zu den beliebtesten Haustieren zählt das widerstandsfähige, trittsichere und treue Islandpferd. So streng sind die Zuchtgesetze, dass selbst Pferde, die im Ausland an einem Turnier teilgenommen haben, nicht mehr nach Island zurückgebracht werden dürfen. Die verspielten Islandhunde, erkennbar am geringelten Schwanz, sind eine der ältesten Hunderassen der Welt und werden v. a. als Schaf-Hütehunde eingesetzt.

Am und im Meer ist sehr viel mehr Vielfalt geboten: Seehunde und Kegelrobben, Finn-, Sei- oder Zwergwale, daneben Pott-, Schwert- und Grindwale sowie rund 250 Fischarten, unter anderem Polardorsche oder Grönlandhaie, kommen rund um Island vor. Mehr als 70 Vogelarten kann man an Vogelfelsen wie Látrabjarg › S. 86 beobachten, darunter den Basstölpel, mit einer Spannweite von 1,80 m Islands größter Meeresvogel. Auch Herings-, Silber- und Eismöwen, Dickschnabel- und Trottellummen sowie Papageitaucher leben an den Felsen › **Seitenblick S. 87**.

# Kunst & Kultur

## Literatur

Sprache und Literatur sind die wichtigsten identitätsbildenden Faktoren der Isländer. Mit der Einführung des Christentums wurde das Alphabet übernommen und schon bald für die Landessprache benutzt. Die ersten schriftlichen Zeugnisse im Isländischen sind die von Hafliði Másson in den Jahren 1117/18 niedergelegten Gesetze. In dieser Zeit verfasste auch Ári Þorgilsson die erste isländische Geschichte von der Besiedlung bis zur Christianisierung, das »Íslendingabók«.

Die herausragendsten Werke der mittelalterlichen Literatur sind die »Edda« und die »Íslendingasögur«, die Sagas, die überwiegend im 13. Jh. verfasst wurden. Auch in der Poesie gibt es eine typisch isländische Form, die im 14. Jh. entstandene Balladenform »rímur«.

Erst im 19. Jh. entwickelte sich wieder eine isländische Literatur, deren Poesie sich mit der Schönheit des Landes, der Reinheit der Sprache und dem erstarkten Nationalgefühl beschäftigte. Die Romane der Zeit lehnten sich stilistisch an den epischen Realismus der Sagas an.

Mit der Ausrufung der Republik und der damit einhergehenden Öffnung der Grenzen kamen neue kulturelle Einflüsse ins Land. Den radikalen Bruch mit der traditionellen Lyrik vollzogen die »Atomdichter«, eine Gruppe von fünf Poeten, die zwischen 1946 und 1953 debütierten.

Die Strömungen der gegenwärtigen Lyrik sind faszinierend vielfältig. Erfrischend ist ihr humorvolles Spiel mit der isländischen Sprache, wie bei Einar Már Guðmundsson, Gyrðir Elíasson, Linda Vilhjálmsdóttir, Steinunn Sigurðardóttir und Sjón (Sigurjón B. Sigurðsson).

Nachhaltige Beeinflussung erfuhr der isländische Roman durch das Werk Þórbergur Þórðarsons (1889–1974), der mit seinen Essays und Memoiren nach 1924 eine Sensation schuf. Seine Texte waren von Stil und Ideologie her – er verband radikale sozialistische Ansichten mit seinem Interesse für übernatürliche Phänomene – revolutionär. Vor allem in Hinblick auf die Rezeption isländischer Autoren in Deutschland bis 1945 seien auch Gunnar Gunnarson (1889–1975) und Jón Sveinsson (1857–1944) erwähnt.

Maßgeblich zur Erneuerung der isländischen Prosa trug Halldór Laxness (1902–1998) bei, der mit seinen gesellschaftskritischen Romanen internationalen Ruhm erlangte. In »Atomstation« (1948) beschreibt er die isländische Gesellschaft so schonungslos, dass einige Patrioten ein Übersetzungsverbot für das Werk erlassen wollten. Mit dem Erhalt des Nobelpreises für Literatur 1955 wurde Laxness als erster isländischer Nachkriegsautor weltweit bekannt.

Die junge Autorengeneration ist längst aus dem langen Schatten von Laxness herausgetreten. Heute geht es um typische Fragen westlicher Industriegesellschaften wie Verstädterung, Identitäts- und Sinnkrisen. Und doch wirken die oft skurrilen und getriebenen Helden so ganz anders, wie z. B. bei Hallgrímur Helgason (»101 Reykjavík«) oder Bragi Ólafsson (»Haustiere«). Die in Deutschland wohl bekanntesten isländischen Schriftsteller sind Krimiautoren wie Arnaldur Indriðason (Krimiserie mit dem Kommissar Erlendur Sveinsson), Viktor Arnar Ingólfsson oder Yrsa Sigurðardóttir.

Über die jüngsten literarischen Entwicklungen im Land und neue Übersetzungen informiert das Isländische Literaturzentrum (www.islit.is/en).

## Bildende Kunst

Die Kunstszene in Island ist lebendig und kreativ. Fast jedes Jahr finden sich neue Skulpturen in Reykjavík und Umgebung, die den natürlichen und selbstverständlichen Umgang mit Kunstwerken dokumentieren.

Als Wegbereiter im ausgehenden 19. Jh. gelten Þórarinn Þorláksson, Ásgrímur Jónsson, Jón Stefánsson, Jóhannes S. Kjarval sowie der Bildhauer Einar Jónsson. Alle besuchten die Kunstakademie in Kopenhagen und setzen sich in ihren Werken mit der Natur Islands auseinander.

Jóhannes S. Kjarval (1885–1972) war der bedeutendste Maler Islands. Typisch für sein Werk ist das Einfließen symbolistischer und fantastischer Elemente in die dargestellten Landschaften. Einen Großteil seiner Arbeiten zeigt das nach ihm benannte Kunstmuseum von Reykjavík.

Einar Jónsson (1874–1954), der erste isländische Bildhauer, entwickelte einen Symbolismus, der sich aus nordischer, griechischer und asiatischer Mythologie, Theosophie und Mystik zusammensetzt. Einen Großteil seiner Werke kann man in seinem ehemaligen Atelier und Wohnhaus neben der Hallgrímskirkja in Reykjavík sehen.

Nach 1918 studierten Künstler auch in Deutschland und Frankreich – so Finnur Jónsson (1892 bis 1989), der ein Schüler Kokoschkas in Dresden war. Seine vom Expressionismus, Kubismus oder Konstruktivismus geprägten Arbeiten fanden allerdings in den 1920er-Jahren in Island wenig Beifall.

Die erste umfangreiche Ausstellung gegenstandsloser Kunst in Island präsentierte im August 1945 Arbeiten von Svavar Guðnason (1909–1988). Er lernte in Paris bei

Im Skulpturenpark des Ásmundur Sveinsson Sculpture Museum, Reykjavík

Fernand Léger und machte sich mit dem Kubismus vertraut. Auch die Bildhauerei erhielt neue Impulse, v. a. durch Ásmundur Sveinsson (1893–1982) und Sigurjón Ólafsson. Sveinssons Arbeiten zeichnen sich durch eine Mischung kubistischer und archaischer Elemente aus. Seine Skulpturen kann man vielerorts in Reykjavík sowie in seinem Atelier mit Skulpturengarten in der Nähe von Laugardalur studieren.

Mitte des 20. Jhs. wurden Ideen wie Pop Art und Fluxus aufgegriffen. Einige Künstler schlossen sich 1965 zur »Vereinigung junger bildender Künstler« (SÚM) zusammen. Künstler wie Dieter Roth, der lange in Island lebte und arbeitete, beeinflussten die Kunstszene nachhaltig. 1965 stellte Guðmundur Guðmundsson (besser bekannt als Erró) in Reykjavík aus, dessen Stil als Mischung aus Pop Art und Surrealismus beschrieben wird. 1969 eröffnete SÚM eine Galerie, um Werke seiner Mitglieder auszustellen und ausländische Kunst in Island zu zeigen. Das 1978 gegründete Living Art Museum (*Nýlistasafn*, www.nylo.is) ist der Nachfolger.

International erfolgreich sind derzeit u. a. Ólafur Eliasson, ein in Deutschland lebender Däne isländischer Herkunft, und Gabríela Friðriksdóttir, die 2005 Island auf der Biennale in Venedig repräsentierte. Über die isländische Kunstszene informiert die Website www.icelandicartcenter.is.

## Musik

Ein bisschen schräg, dann wieder rockig, bunt gemixt – so präsentiert sich Islands Unterhaltungsmusik, die man mit Namen wie Björk, GusGus, Sigur Rós oder Mezzoforte verbindet. Nachwuchsbands wie Rökkurró oder Quarashi werkeln an einer neuen Erfolgsstory. Für Furore sorgte die gebürtige Isländerin und Popsängerin Emiliana Torrini mit »Gollum's Song« aus dem Film »Herr der Ringe II«. »Rimur. Icelandic Chants«, so heißt eine populäre Sammlung mit australischen Didgeridoo-Klängen und irischen Harfentönen gemixter alter isländischer Volkslieder, die Steindór Andersen veröffentlichte (Naxos World).

Schon lange haben die vielen Chöre und Gesangvereine, die meist zwischen 1700 und 1900 entstanden, vertonte bäuerlich-romantische »Reime« von Jón Sigurðsson (1853–1922), Jón S. Bergmann (1874–1927) oder Pfarrer Hannes Bjarnason (1776–1838) entdeckt.

Jón Leifs (1899–1968) gilt als Begründer der klassischen isländischen Musik. In seine Kompositionen flossen sowohl Elemente der Volksmusik ein als auch isländische Themen, wie z. B. die »Saga-Symphonie«, »Geysir«, »Hekla« oder »Die Antwort eines Wikingers« schon im Titel zeigen. Bekanntester Gegenwartskomponist ist Atli Heimir Sveinsson.

Das 1950 gegründete Isländische Symphonieorchester genießt international einen guten Ruf. Seit der Eröffnung des Konzertzentrums Harpa › **S. 56** hat das Orchester jetzt auch einen adäquaten Spielort.

In die Welt isländischer Musik entführt die Website www.musik.is.

# Feste & Veranstaltungen

In Island wird sehr gern gefeiert. Die traditionellen kirchlichen Feiertage wie Weihnachten bereichert man mit alten Bräuchen. Wichtig ist dabei das Zusammensein mit Familie und Freunden. Die zahlreichen jährlichen Festivals findet man unter: www.iceland.is/press-media/events.

## Festkalender

**24. Januar–23. Februar: Þorrablót.** Zur Austreibung des Wintergottes Þorri findet das Þorrablót-Essen im Familien- und Freundeskreis statt: mit geräucherten und gepökelten Spezialitäten, dazu *brennivín* und Molke.

**3. Donnerstag im April: Erster Sommertag.** Es wird draußen gefeiert, in Reykjavík z. B. mit Umzügen und Blasmusik, egal, ob es stürmt oder schneit. Man wünscht sich *gleðileg sumar,* einen fröhlichen Sommer, und tauscht Geschenke aus.

**Mai: Reykjavík Art Festival.** Zweiwöchiges Kunstfestival mit internationalen Gästen (www.listahatid.is).

**Erstes Wochenende im Juni: Tag der isländischen Seemänner.** Auf Friedhöfen und Denkmälern für die ertrunkenen Seeleute werden Kränze niedergelegt. In Reykjavík ist der Hafen eine große Straßenfestmeile, meist liegen alle Boote in den Häfen.

**17. Juni: Nationalfeiertag.** Die Feierlichkeiten finden vor dem Parlament statt, mit Kranzniederlegung am Denkmal von Jón Sigurðsson und dem Auftritt der Bergfrau »Fjalla konan«. In Reykjavík und größeren Orten gibt es Straßenfeste mit Livemusik, die gegen Abend zur feucht-fröhlichen Fete werden.

**Juni/Juli: Landsmót** (alle zwei Jahre: 2018 etc.). Treffen der besten Reiter und Pferdezüchter der Insel, internationale Reitwettbewerbe, Prämierung der besten Zuchttiere. Wechselnde Austragungsorte (www.landsmot.is).

**Erster Montag im August: Bankfeiertag.** Einer der wichtigsten Ausflugstage im Sommer. Fällt der Tag auf den 2. August, so hat man den Eindruck, als würden alle jungen Isländer auf Heimaey leben, dort findet nämlich der zweite Nationalfeiertag für die Westmänner statt.

**Zweites Wochenende im August: Gay Pride.** Bunte Parade der Schwulen und Lesben in Reykjavík (www.gaypride.is).

**3. Samstag im August: Reykjavík Cultural Night.** An der Kulturnacht beteiligen sich Kultureinrichtungen,

Freiluftkonzert bei der Kulturnacht in Reykjavík

45

Kirchen und Cafés. Ein Feuerwerk bildet den krönenden Abschluss. Am Vormittag findet der international beachtete Reykjavík-Marathon statt (www.marathon.is).

**September: Réttir.** Der Schafabtrieb ist der Höhepunkt des Herbstes. Obwohl anstrengend und langwierig, hat sich diese Arbeit zur Attraktion entwickelt, einige Unternehmen bieten Touren an. Wenn alle Schafe im Rett und auf die Höfe verteilt sind, beginnt der gesellige Teil mit Essen, Trinken, Tanz und Gesang.

**Ende Sept./Anfang Oktober: Reykjavík Jazz Festival** (www.reykjavikjazz.is).

**Oktober: Iceland Airwaves.** Festival der isländischen Nachwuchsbands mit Auftritten von Pop- und Rockgrößen aus Europa und den USA. Rund 500 Talentsucher lauschen dem aktuellen Sound des Landes in Clubs, Bars oder Theatern in Reykjavík (http://icelandairwaves.com).

**Dezember: Weihnachten.** Das Familienfest findet vom 24. bis 26. Dezember statt, aber der ganze Dezember steht im Weihnachtsglanz mit Weihnachtsmärkten und längeren Ladenöffnungszeiten. 13 Weihnachtsmänner bereiten die Kinder auf das Fest vor: Ab dem 12. Dezember kommt jeden Tag einer aus der schrägen Sippe der Jólesveinar (»Weihnachtskobolde«). Am 24. sind alle versammelt; danach verschwinden sie wieder einer nach dem anderen, bis sie sich am 6. Januar endgültig verabschiedet haben.

# Essen & Trinken

*Islands kulinarisches Angebot ist quasi zweigeteilt: zum einen die Liebe zu Fast Food mit Hot Dog (pylsur), Burger oder Pommes Frites (franskar), zum anderem die Kreationen mit Fisch und Fleisch.*

Die Isländer haben ihre Liebe zu einheimischen Gemüsen und Salaten entdeckt, die nun die hervorragenden Gerichte mit einheimischen Fisch, Schalentieren und vor allem Fleisch bereichern. Dazu gehören auch die exzellenten Milchprodukte – auch das Käseangebot wird immer vielfältiger.

Da Essen im Restaurant die Urlaubskasse arg strapaziert, bieten Gaststätten im ganzen Land günstigere Mittagsmenüs (meist ab ca. 12 Uhr) sowie spezielle Abendessen (meist ab ca. 18 Uhr) unter dem Etikett »Tourist Menu« an. Für Kinder gibt es dabei nochmals Rabatte.

## Traditionsküche

Die Zubereitung traditioneller Gerichte wird je nach Jahreszeit und Region besonders gepflegt. Meist sind die Gerichte an den amerikanischen bzw. mitteleuropäischen Gaumen angepasst. So etwa der Frischkäse *skyr*, daneben frisch geräuchertes Lamm oder, als Variante, *saltkjöt*, gesalzenes Lammfilet, das man kalt oder warm essen kann.

Als Snack sind auch *súrmjolk,* Sauermilch, oder Heringe, teilweise in süßer Marinade, beliebt. Klassische Spezialitäten der isländischen Küche sind streng nach Ammoniak riechender *hákarl* (fermentierter Hai) oder *svið,* halbierte und gebackene Lammköpfe. Dazu schmeckt *rúgbrauð,* ein süßes, dunkles Roggenbrot, das in einigen Gegenden noch in heißen Quellen gegart wird. Teils wird auch Pferdefleisch gegessen. Im September und Oktober, wenn die Schafe geschlachtet werden, kommen Schafswürste *(slátur)* ins Angebot, darunter viel Blut- *(blóðmör)* und Leberwurst *(lifrarpylsa).* Als Delikatesse gilt Papageitaucher *(lundi),* erhältlich z. B. auf den Westmänner-Inseln.

## Getränke

Das nach Meinung vieler beste Getränk gibt es umsonst und draußen: frisches Quellwasser, das meist so rein ist, dass es zur Herstellung von Mineralwasser verwendet und sogar ins Ausland exportiert wird. Testen Sie das Angebot mit Marken wie »Icelandic Glacial« oder »Iceland Spring«. Besonders geeignet ist das Wasser auch für die Bierbrauerei, wie die zahlreichen Mikrobrauereien beweisen. Außerdem sind Säfte, Limonaden – auch kalorienarme – und Milch in den meisten Geschäften oder Supermärkten günstig zu haben.

In Island wird eine Kaffeekultur gepflegt, die den Besucher überraschen mag – wer würde so hoch im Norden Espressobars wie die der Kaffeehauskette Kaffitár erwarten? Selbst auf dem Land schenkt man nachmittags gegen 16 Uhr frischen Filterkaffee aus; in Tankstellencafeterias wird zum Preis einer Tasse ein- oder mehrfach nachgefüllt.

Urlauber mit einem Faible für Hochprozentiges decken sich besser gleich nach der Ankunft im Duty-Free-Bereich des Flughafens (im Rahmen des Erlaubten) ein, denn die sonst nur in den Alkohol-Läden VÍNBÚÐ erhältlichen alkoholischen Getränke sind relativ teuer. Das gilt auch für das einheimische helle Bier (Marken wie »Viking« oder »Egils«), das man in Restaurants, Kneipen oder VÍNBÚÐ-Geschäften bekommt. Supermärkte führen nur Leichtbiere.

**Erstklassig**

### Die besten Fischrestaurants

- Ein breites Angebot an Fischgerichten tischt das **MAR** am alten Hafen von Reykjavík auf. › S. 60
- Die Landesspezialität Salzfisch kann man im **Salthúsið** in Grindavík in verschiedenen Variationen probieren. › S. 72
- Das **Tjöruhúsið** in Ísafjörður hat wohl eines der besten Fischbüffets, reichhaltig, gut und immer mal anders. › S. 88
- Auch die Reykjavíker kommen gern in den charmanten Ort Stokkseyri, um im Restaurant **Við Fjöruborðið** Hummer zu essen. › S. 129

Polarlichter gehören zu den faszinierendsten Himmels-erscheinungen des Nordens

# TOP-TOUREN
# & SEHENS-
# WERTES

# REYKJAVÍK UND UMGEBUNG

**Kleine Inspiration**

---

- **Am Austurvöllur** mit Blick auf Parlament und Domkirche Kaffee trinken › S. 58
- **Im Museum Whales of Iceland** sehen, wie groß so ein Wal wirklich ist › S. 58
- **Vom Turm der Hallgrímkirkja** den weiten Rundblick genießen › S. 59
- **In 101 Reykjavík** Freitag- oder Samstagnacht ausgehen › S. 64
- **In Garðskagi** die Mitternachtssonne mit Blick auf den Snæfellsjökull genießen › S. 71

**In der kleinen Metropole Reykjavík schlägt das kulturelle und wirtschaftliche Herz der Insel. Die Umgebung bietet weltbekannte Sehenswürdigkeiten wie Þingvellir, Geysir/Strokkur oder die Blaue Lagune.**

Für eine Islandreise sind Reykjavík und seine Umgebung der ideale Einstieg. Auf kleinem Raum lernt man hier viele Facetten der Insel kennen. Kultur, Natur und historische Zeugnisse liegen vor allem am Goldenen Kreis mit den weltberühmten Attraktionen Þingvellir, Geysir/Strokkur und Gulfoss nahe beieinander. Auf der Halbinsel Reykjanes bestaunt man urwüchsige Lavalandschaften und besucht typische Fischerorte.

Wer sich Reykjavík vom Flughafen Keflavík nähert, durchfährt zunächst die Nachbarorte Hafnarfjörður, Garðabær und Kópavogur, die zusammen mit der Hauptstadt ein großes urbanes Gebiet bilden.

Die Kapitale selbst, die nördlichste Hauptstadt der Welt mit ca. 130 000 Einwohnern, ist Sitz vieler Museen, mehrerer Theater und natürlich das Zentrum der politischen und wirtschaftlichen Macht Islands.

Der historische Teil Reykjavíks wirkt mit seinen Sträßchen und bunten, wellblechverkleideten Häusern fast dörflich. Mit angesagtem Schick begeistern die Boutiquen des Laugavegur, trendig sind die Bistros, Bars und Clubs in den Straßen ringsum. Auch das Eventprogramm › S. 45 kann sich sehen lassen. Der Mix aus kosmopolitischem Großstadtgepräge und nettem Inselcharme macht Reykjavíks Reiz aus.

# Touren in der Region

 **Tour 1**

## Mit dem Fahrrad entlang der Küste

**Route: Laugardalur › Höfði › Alter Hafen › Seltjarnarnes › Nesstofa › Suðurströnd › Nauthólsvík › Laugardalur**

**Karte:** Seite 56
**Dauer:** 1 Tag

**Praktische Hinweise:**
• Fahrradverleih bei Borgarhjól, Hverfisgata 50, Tel. 551 5653, www.borgarhjol.is, beim Zeltplatz im Laugardalur und beim Youth Hostel › S. 63.
• Während der Brutzeit der Seevögel (Juni/Juli) ist der Weg von Grótta zum Golfplatz gesperrt, dann fährt man durch den Ort.

Blick über Reykjavík

## Tour-Start:

Diese Fahrradtour beginnt im **Laugardalur** [e2] beim Zeltplatz und führt in nordwestlicher Richtung zur Küste. Man passiert **Höfði** › S. 59, sieht die neuen Büro- und Bankgebäude und kommt an Kunstwerken vorbei. Weiter geht es am **Alten Hafen** [a1] mit seinen Fischerbooten entlang, anschließend folgt man dem gut ausgebauten Radweg neben der Straße Norðurströnd, der von Reykjavík in die Nachbarstadt **Seltjarnarnes 2** › S. 62 führt. Reizvoll ist der Blick über die Bucht Faxaflói bis zum Vulkan Snæfellsjökull. Tafeln an dem großen Parkplatz informieren über die hier brütenden Seevögel. Der schöne Strand ist ein beliebtes Ausflugsziel mit weitem Blick übers Meer, Brandung und Seevögel inklusive. Am äußersten Zipfel der Halbinsel steht der **Leuchtturm Grótta;** bei Ebbe kann man zu ihm hinüberlaufen.

Weiter geht es durch das Naturschutzgebiet bis zum Teich Bakkatjörn und zu einem windumtosten, aber sehr schön gelegenen Golfplatz. Im Ort Seltjarnarnes lohnt z. B. **Nesstofa** einen Blick, ein Steinhaus (1761–63) für den ersten, von Dänemark eingesetzten Arzt auf Island. 1772 wurde hier auch die erste **Apotheke** des Landes eingerichtet (Di, Do, Sa/So 13–17 Uhr). In dem Gebäude ist auch das **Museum der Medizin** untergebracht.

Zur Erholung bietet sich eine Pause im örtlichen Schwimmbad an › **Special S. 102.** Entlang dem Suðurströnd stehen schöne Villen mit hübsch gestalteten Gärten. Man kann die meiste Zeit in Strandnähe fahren, doch einige Abschnitte sind nicht befestigt.

Der Radweg führt um Reykjavíks Inlandsflughafen herum bis zum Strandbad **Nauthólsvík** › **Special S. 102** und dem Wald am Öskjuhlíð

mit seinen Spaziergängen. Von hier aus fährt man zurück zum Campingplatz bzw. ins Zentrum.

 **Goldener Kreis**

**Route: Reykjavík › Mosfellsbær › Þingvellir › Laugarvatn › Geysir › Gullfoss › Skálholt › Hveragerði › Reykjavík**

**Karte:** Seite 52
**Dauer:** 2 Tage
**Praktische Hinweise:**

- Fast alle großen Hotels in Reykjavík bieten diese Tour als Tages-Busausflug an. Unabhängiger ist man natürlich mit einem Mietwagen: So lohnt sich der Besuch des Gullfoss am späten Abend, um die Mitternachtssonne zu genießen.
- Im Sommer finden in Skálholt an einigen Wochenenden Konzerte statt.

## Tour-Start:

Nur zwei Tage dauert diese Tour, doch sie zählt zu den Highlights jedes Islandaufenthalts. Die Rundtour nennt sich poetisch »Goldener Kreis« – nach ihrem Ziel, dem Gullfoss (»Goldener Wasserfall«). Doch auch zischende Geysire und viel Geschichte im Þingvellir-Nationalpark bestimmen den Charakter der Fahrt – schließlich nahm die Besiedlung Islands im Südwesten ihren Anfang.

Man startet in **Reykjavík 1** › S. 55 und fährt nach **Mosfellsbær 3** › S. 64, dann die Straße Nr. 36 entlang, die am Halldór-Laxness-Museum **Gljúfrasteinn** › S. 64 vorbeiführt. Von **Þingvellir 4** › S. 64, das wegen seiner historischen und geologischen Bedeutung zum Welterbe der UNESCO zählt, folgt man der Straße Nr. 365 zum See **Laugarvatn 5** › S. 66. Anschließend geht es auf den Straßen 37 und 35 bis zum **Geysir 6** › S. 67 mit seinem kleinen,

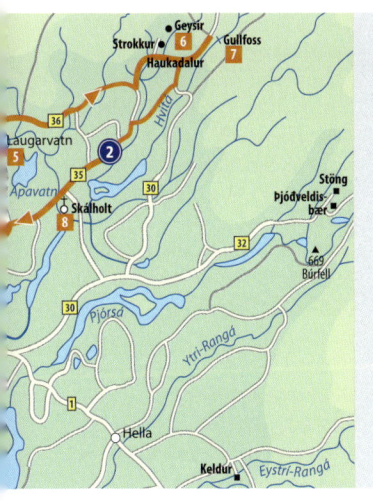

## Touren in Reykjavík und Umgebung

### Tour 1

**Mit dem Fahrrad entlang der Küste**

Laugardalur › Höfði › Alter Hafen › Seltjarnarnes › Suðurströnd › Nauthólsvík › Laugardalur › auch S. 46

### Tour 2

**Goldener Kreis**

Reykjavík › Mosfellsbær › Þingvellir › Laugarvatn › Geysir › Gullfoss › Skálholt › Hveragerði › Reykjavík

### Tour 3

**Rund um die Halbinsel Reykjanes**

Reykjavík › Hafnarfjörður › Keflavík › Garður › Brücke zwischen den Kontinenten › Grindavík › Blaue Lagune › Reykjavík

spuckfreudigeren Nachbarn **Strok-kur** › S. 67. Im **Hótel Geysir** › S. 67 kann man übernachten, doch vorher sollte man noch die wenigen Kilometer bis zum »goldenen« **Gulfoss 7** › S. 68 fahren, der v. a. in der golden scheinenden Mitternachtssonne seinen größten Reiz hat.

Am nächsten Tag führt die Fahrt über den alten Bischofssitz **Skálholt 8** › S. 68 und über das Gartenbauzentrum **Hveragerði 9** › S. 68 wieder zurück nach Reykjavík.

# Rund um die Halbinsel Reykjanes

**Route: Reykjavík › Hafnarfjörður › Keflavík › Garður › Brücke zwischen den Kontinenten › Grindavík › Blaue Lagune › Reykjavík**

**Karte:** Seite 52
**Dauer:** 2 Tage
**Praktische Hinweise:**

- Für die westliche Küstenregion braucht man einen Pkw, deshalb bietet sich die Tour auch als Abschluss einer Reise an, bevor man das Auto am Flughafen zurückgibt.
- Zwischen Reykjavík und Keflavík und von dort nach Garður und Hafnir verkehren Busse; außerdem ermöglicht der Flybus › S. 62 das Wellnesserlebnis Blaue Lagune kurz vor der Heimreise.
- Die in dieser Rundtour beschriebenen Ziele kann man auch auf kurzen Ausflügen von Hafnarfjörður aus erkunden.

## Tour-Start:

Der Name der karg-schönen, stark vulkanisch geprägten Halbinsel Reykjanes setzt sich aus *reykur*, »Dampf«, und *nes,* »Landzunge«, zusammen. Aus der vulkanischen Vergangenheit haben sich die bekanntesten Geothermalgebiete Islands erhalten.

Von **Reykjavík 1** › S. 55 fährt man in Islands drittgrößte Stadt **Hafnarfjörður 10** › S. 69 und weiter nach **Keflavík 11** › S. 70, wo das Wikingerschiffmuseum einen Besuch wert ist. Auch die Küstenorte **Garður 12** › S. 71 und **Sandgerði 13** › S. 71 warten mit Museen auf.

Zurück auf der Straße Nr. 41 biegt man bald auf die Nr. 44 ab und folgt schließlich der Nr. 425 entlang der Küste.

Stoppen sollte man bei **Hafnarberg 16** › S. 72: Schier unglaublich ist die Lärmkulisse Abertausender Seevögel an diesen atemberaubend steilen Lavafelsen. Weiter südlich trifft man auf die **Brücke zwischen den Kontinenten 17** › S. 72.

Nun fährt man auf einer Schotterstraße über Grindavík weiter zur **Blauen Lagune 15** › S. 72. Hier beendet man den Tag mit einem Bad im türkisblauen Wasser und übernachtet in der Blue Lagoon Clinic. Am nächsten Tag besucht man **Grindavík 14** › S. 72 mit dem Salzfischmuseum, bevor es nach Reykjavík zurückgeht.

## Wichtige Adressen

- Zu Reykjavík › S. 62
- Über die Halbinsel Reykjanes informiert die Website www.visitreykjanes.is.

# Unterwegs in Reykjavík ⬛ ★ [C5]

## Zentrum

Einen guten ersten Eindruck von der Stadt vermittelt der **Laugavegur** mit seiner Verlängerung, der **Bankastræti**. Beide Straßen sind ein Shoppingrevier für Mode, isländisches Design, CDs, Bücher und mehr.

### Þjóðmenningarhús Ⓐ [b2]

Das Kulturhaus zeigt mittelalterliche Originalmanuskripte z. B. der Sagas und der Edda sowie wechselnde Ausstellungen (Hverfisgata 15, Di–So 10–17 Uhr, www.culturehouse.is).

### Austurstræti Ⓑ und Aðalstræti [a2]

Die **Austurstræti** mit ihren zahlreichen Bistros und Bars wandelt sich vor allem in lauen Sommernächten samstags zur Openair-Partymeile. In **Aðalstræti,** die 1762 befestigte, älteste Straße der Stadt, deren Namen einfach Hauptstraße bedeutet, steht das älteste Haus Reykjavíks.

Hier fand man bei Ausgrabungen auch die Reste eines Langhauses, das nun im Kontext der Ausstellung **871 +/-2** Ⓒ ★ [a2] zu sehen ist. Sie dokumentiert spannend und informativ die Siedlungsgeschichte Reykjavíks. Ihr Name bezieht sich auf das Entstehungsdatum des Langhauses (tgl. 9–20 Uhr, http://borgarsogusafn.is/en/the-settlement-exhibition).

An der Ecke zur Hafnarstræti steht das 1850 gebaute rote **Falkenhaus** Ⓓ [a2], in dessen Vorgängerbau früher die für den dänischen König gefangenen isländischen Jagdfalken gehalten wurden. Heute ist hier ein Restaurant untergebracht. Eine Anlaufstelle für alle Neuankömmlinge ist Reykjavíks Touristeninformation im Haus Nr. 2.

Am Austurvöllur, einem der zentralen Plätze Reykjavíks

## Hafenhaus **E** [a2]

Im Hafnarhús **!** präsentiert das Kunstmuseum Wechselausstellungen, und man kann sich ausführlich mit dem Werk des isländischen Malers Erró befassen (Tryggvagata 17, Fr–Mi 10–17, Do 10–20 Uhr, www.artmuseum.is). **50 Dinge** **20** › **S. 14.** Einen tollen Blick auf den **alten** **Hafen** [a1] bieten die Panoramafenster in der Cafeteria sowie die Bücherei des Hafnarhús.

Dominiert wird der Hafen von der Konzert- und Kongresshalle **Harpa** ⭐ [b1], deren Fassade aus wabenförmigen Glasfenstern tagsüber das Licht verschiedenfarbig reflektiert; nachts wird sie von LEDs

erleuchtet – ein Meisterwerk des Künstlers Ólafur Elíasson. **50 Dinge** ㉓ › **S. 15**. Der Bau beherbergt die isländische Oper und das Symphonieorchester. Im Foyer gibt es ein Café mit schönem Ausblick, Geschäfte sowie ein Restaurant. Regelmäßig werden Führungen durch das Gebäude angeboten (www.harpa.is).

Unweit vom Hafnarhús kann man das **Hvalstöðin-Walcenter** auf dem Schiff »Fífill« besuchen.

## Víkin Maritime Museum **F** [a1]

Das Museum informiert ausführlich über Fischfang und das Leben der Fischer, außerdem sind Boote

**Reykjavík**

0      500 m

Sigurjón-Ólafsson-Museum

Sæbraut

Sundlaugarvegur

Laugardalur-Park

Reykjavík Zoo

Suðurlandsbraut

Family Garden

Kringlan

Flughafen Keflavík

Miklabraut

Árbæjarsafn

## Tour in Reykjavík

### Tour ①

**Mit dem Fahrrad entlang der Küste**

Laugardalur › Höfði › Alter Hafen › Seltjarnarnes › Suður-strönd › Nauthólsvík › Laugardalur › **auch S. 52**

- Ⓐ Þjóðmenningarhús
- Ⓑ Austurstræti
- Ⓒ 871 +/-2
- Ⓓ Falkenhaus
- Ⓔ Hafenhaus
- Ⓕ Víkin Maritime Museum
- Ⓖ Whales of Iceland
- Ⓗ Domkirkjan
- Ⓘ Rathaus
- Ⓙ Nationalmuseum
- Ⓚ Listasafn Íslands
- Ⓛ Nordisches Haus
- Ⓜ Hallgrímskirkja
- Ⓝ Kunstmuseum Reykjavík
- Ⓞ Höfði
- Ⓟ Ásmundarsafn
- Ⓠ Botanischer Garten
- Ⓡ Laugardalslaug
- Ⓢ Perlan

und Schiffe der Küstenwache zu sehen (Grandagarður 8, tgl. 10 bis 17 Uhr, www.maritimemuseum.is).

## Whales of Iceland ⓖ [a1]

Direkt am Hafen werden Modelle von Walen in Lebensgröße gezeigt, dazu gibt es gute Informationen über Wale und ihre Lebensbedingungen. (Fiskislóð 23–25, tgl. 10 bis 17 Uhr, http://whalesoficeland.is)

## Parlament und Domkirkjan ⓗ [a2]

Neben dem grauen, im 19. Jh. erbauten **Parlamentsgebäude** (Alþingishús) am **Austurvöllur** steht die kleine weiße Lutherische **Domkirkjan,** die 1796 geweiht wurde, nachdem der Bischofssitz von Skálholt › **S. 68** hierher verlegt worden war (Mo–Fr 10 bis 16.30 Uhr, www.domkirkjan.is).

## Rathaus ⓘ [a2]

Sehr viel neuzeitlicher zeigt sich das 1992 eingeweihte, damals wegen seiner postmodernen Architektur umstrittene Rathaus. Im Souterrain gibt ein ca. 5 × 4 m großes Reliefmodell der Insel einen hervorragenden Überblick über Gletscher, Täler, Vulkane, Fjorde und das Straßennetz von Island. Von der **Cafeteria** hat man einen schönen Blick auf den Tjörnin (Mo–Fr 8–19, Sa/So 12 bis 18 Uhr). **50 Dinge** ⑪ › **S. 13.**

## Tjörnin-See [a2]

Das Rathaus grenzt an den idyllischen See, der für seine Vogelvielfalt bekannt ist. Diverse Entenarten nutzen den Teich als Brutrevier, darunter die seltene Eiderente. Im Winter dümpeln die nicht minder raren Singschwäne auf dem Wasser. **50 Dinge** ① › **S. 12.**

## Nationalmuseum ⓙ [a3]

An der Südwestseite des Sees kann man im Nationalmuseum (Þjóðminjasafn Íslands) kulturgeschichtliche Exponate betrachten, die bis zur Zeit der ersten Besiedelung zurückreichen – ein hervorragender Überblick über Islands Geschichte (Mai–Mitte Sept. tgl. 10–17, sonst Di–So 11–17 Uhr, www.thjodminjasafn.is).

### Aus der Stadtgeschichte

Die Gründung Reykjavíks geht auf den Norweger Ingólfur Arnarson zurück. Er wollte 874 die Götter über seinen neuen Wohnort entscheiden lassen und warf die hölzernen Säulen seines Hochsitzes über Bord. Wo sie antrieben, wollte er siedeln. Man fand die Säulen erst drei Jahre später an einem Ort mit vielen heißen Quellen und Schlammlöchern: im Laugardalur-Tal östlich der heutigen Altstadt. Ingólfur benannte die Bucht Reykjavík, Rauchbucht. 1786 erhielt die kleine Handelsstation die Stadtrechte, und 1843 tagte erstmals das Alþing in dem Ort, dessen wirtschaftlicher Aufschwung zu Beginn des 20. Jhs. begann. Gleichzeitig schnellte die Zahl der Einwohner sprunghaft in die Höhe. Heute leben im Großraum Reykjavík rund 190 000 Menschen.

## Listasafn Íslands  [a2]

In der Nationalen Kunstgalerie sind Werke bekannter Maler wie Ásgrímur Jónsson in Dauerausstellungen vertreten. Daneben gibt es wechselnde Schauen, bei denen die Bestandswerke regelmäßig gezeigt werden (15.5.–15.9 tgl. sonst Di–So 11–17 Uhr, www.listasafn.is).

## Nordisches Haus ○ [a3]

In diesem Kulturzentrum der nordischen Länder, 1968 vom finnischen Architekten Alvar Aalto entworfen, gibt es immer wieder interessante Ausstellungen; im guten Restaurant kann man sich anschließend stärken (Bibliothek tgl. 12–17 Uhr, Ausstellungskeller tgl. 11–17 Uhr, www.nordichouse.is).

## Hallgrímskirkja ○ ★ [b3]

Mit dem Bau der hoch emporragenden Kirche wurde 1937 begonnen, doch erst 1974 konnten Turm und Kirchenflügel fertiggestellt werden; das Hauptschiff wurde sogar erst 1986 geweiht. Die Architektur soll Elemente der isländischen Landschaft widerspiegeln: die Außenfassade etwa die Basaltsäulen der Steilküste, das schneeweiße Interieur das Eis der Gletscher. Benannt ist die Kirche nach dem Pastor Hallgrímur Pétursson (1614–1674), der bekannt für seine Passionslieder war.

Wer mit dem Lift zum 73 m hohen Turm hinauffährt, hat einen grandiosen Blick über die Stadt, an klaren Tagen bis hinüber zum schneebedeckten Snæfellsjökull (tgl. 9–21, Okt.–Mai 9–17 Uhr, www.hallgrimskirkja.is).

Im Nationalmuseum

## Kunstmuseum Reykjavík ○ [c3]

Islands Landschaften bannte Jóhannes S. Kjarval (1885–1972) auf Leinwand; das Werk dieses berühmtesten Malers des Landes im 20. Jh. zeigt Reykjavíks Kunstmuseum im **Kjarvalsstaðir** (Miklatún, tgl. 10–17 Uhr, www.artmuseum.is).

## Höfði ○ [c2]

Die weiße Holzvilla, 1909 aus Norwegen importiert, wurde durch das Gipfeltreffen zwischen Michail Gorbatschow und Ronald Reagan 1986 weltberühmt. Es ist das offizielle Empfangshaus der Stadt; vor dem Gebäude stehen Informationstafeln.

## Sæbraut-Promenade [b–d2]

Diverse Installationen säumen die Hafenpromenade, so etwa auf einer kleinen Landzunge das stählerne, gut 15 m lange Wikingerschiff Sólfar des einheimischen Künstlers Jón Gunnar Árnasonl.

## Restaurants

**Fish Market** €€€

Exzellente Zutaten aus Island. Sushi ist hier sehr zu empfehlen, doch es gibt auch andere interessante Kreationen. Tgl. ab 18, Mo–Fr auch 11.30–14 Uhr

• Aðalstræti 12 | Reykjavík
  Tel. 578 8877
  www.fiskmarkadurinn.is

**Lækjarbrekka** €€–€€€

Hier genießen auch Reykjavíks Feinschmecker isländische Spezialitäten. Tgl. ab 11.30 Uhr geöffnet.

• Bankastræti 2 | Reykjavík
  Tel. 551 4430
  www.laekjarbrekka.is

**MAR** €€–€€€

Fischrestaurant im alten Hafen. Großzügige Räume und ❗ hervorragende Küche, vor allem Fisch. Tgl. ab 11.30 Uhr

• Geirsgata 9 | Reykjavík
  Tel. 519 5050
  www.marrestaurant.com

Zahlreiche gute Cafés und Bistros findet man auf dem Laugavegur und am Austurvöllur sowie im alten Hafen.

## Shopping

**Eymundsson**

Die Buchhandlung bietet eine gute Auswahl an Büchern über Island (meistens in Englisch). **50 Dinge** ㉝ › S. 16.

• Austurstræti 18 | Reykjavík

**Kolaportið**

Am Wochenende findet am ehemaligen Zollhaus ein kurioser Flohmarkt statt. Sa/So 11–17 Uhr

• Geirsgata/Tryggvagata 19
  Reykjavík

**Spakmannsspjarir**

Hier kann man ungewöhnliche Mode von isländischen Designern kaufen. **50 Dinge** ㊳ › S. 16.

• Bankastræti 11 | Reykjavík
  http://spaks.is

# Außerhalb des Zentrums

## Ásmundarsafn Ⓟ [d3]

Das Ásmundur-Sveinsson-Skulpturen-Museum lohnt schon wegen des Gebäudes einen Besuch: Zwei oben gekappte Pyramidensockel aus Quadersteinen rahmen den Ausstellungstrakt ein, den eine Kuppel überdacht. Das futuristisch wirkende Ensemble wurde bereits 1942 konzipiert. Der 1982 verstorbene Künstler hatte hier sein Studio. Den ❗ Skulpturengarten mit mehr als 30 seiner Werke plante er ebenfalls selbst. Skulpturen von Ásmundur sind auch andernorts in Island zu sehen (Mai–Sept. tgl. 10–17, Okt.–April 13–17 Uhr, www.artmuseum.is).

## Laugardalur-Park

**Botanischer Garten** Ⓞ [e3]

1929 ließ Eiríkur Hjartson im Laugardalur etwas östlich die ersten Bäume pflanzen. 1955 erwarb die Stadt das Gelände und baute es zum **Botanischen Garten** (*Grasagarður*) aus, in dem heute zahllose Pflanzen gedeihen, darunter rund 350 aus Island. Im Sommer öffnet in einem der Gewächshäuser ein Café (April bis Sept. tgl. 10–22, Okt.–März 10 bis 15 Uhr, ❗ Eintritt frei).

## Laugardalslaug ⓡ [e2]

Das größte und auch beliebteste Schwimmbad Reykjavíks bietet ein 50-m-Becken, vier bis zu 44 °C heiße Hot Pots, mehrere Whirlpools, Dampfbad, Solarium und eine 86 m lange Wasserrutsche (Tel. 411 5100, Buslinie 14).

## Perlan ⓢ [b/c4]

Auf dem 61 m hohen, bewaldeten Hügel Öskuhlíð, wo 135 Pflanzenarten wachsen, stehen Heißwassertanks, die rund 20 Mio. Liter speichern. Damit werden Bereiche Reykjavíks beheizt.

Auf den Tanks ruht eine spiegelnde Glaskuppel, die dem markanten Gebäude seinen Namen gab: die Perle. Im Foyer der Perle stellen gelegentlich Künstler aus, das Panoramarestaurant serviert exzellente Küche. An klaren Tagen ❗ genießt man von der Aussichtsterrasse einen grandiosen Blick auf Reykjavík, das Meer und die Hügelkette der Mosfellsheiði (tgl. 10–22 Uhr, www.perlan.is).

Südlich von Perlan liegt bei **Nauthólsvík** Islands einziger Meeresbadestrand › **Special S. 102.** Ein beliebtes Fotomotiv ist der kleine, geschützt gelegene Strand, wo eine warme Quelle für angenehme Badetemperatur sorgt.

### Restaurant

**Perlan** €€€
Hier werden beim Candlelight-Dinner mit Blick auf die Lichter der Stadt gern Liebesschwüre gehaucht. Tgl. Dinner.
• Öskjuhlíð | Reykjavík
Tel. 562 0200

Perlan mit künstlichem Geysir

## Árbæjarlaug

Ein weiteres empfehlenswertes Bad – neben einem Becken mit Massagedüsen, Minigeysiren und Wasserspeiern gibt es hier eine Riesenrutsche und einen Wellnessbereich mit Dampfbad und Solarium (im Elliðaár-Tal, Fylkisvegur 110, Südost-Reykjavík, Tel. 411 5200, Buslinie 5).

## Freilichtmuseum Árbæjarsafn ★

Um die gleichnamige Farm aus dem Jahr 1464 wurde im Stadtteil Árbær ein Dorf mit etwa 30 Häusern, z. T. aus Torf, errichtet, wo das Leben vergangener Tage nachgestellt wird. Sonn- und feiertags gibt es traditionelle Tänze, Trachten- und Handwerkvorführungen (Kistuhyl 4, Juni–Aug. tgl. 10–17 Uhr, sonst tgl. geführte Touren um 13 Uhr, Tel. 411 6300, http://borgarsogusafn.is/en/arbaer-open-air-museum).

# Seltjarnarnes **2** [C5]

Im westlichen Nachbarort Reykjavíks erstreckt sich ein wunderschöner Strand mit dem Leuchtturm Grótta – ein idealer Ort für Spaziergänge › **S. 52.**

## Info
**Tourist Information Centre**
• Adalstræti 2 | Reykjavík
 Tel. 590 1550 | www.visitreykjavik.is
 tgl. 8–20 Uhr

## Verkehr
• **Leifur Eiríksson Airport:** Internationaler Flughafen in Keflavík (Tel. 425 6000, www.kefairport.com). Vom Flughafen fährt der **Flybus** in die Stadt (ca. 45 Min., www.re.is/flybus). Tickets gibt es an der Touristeninformation im Flughafengebäude und im Bus. Von den meisten Hotels und Gästehäusern sowie von der Jugendherberge besteht ein Busshuttle zum BSÍ-Terminal, wo der Flybus abfährt bzw. ankommt.
• **Reykjavík Airport:** Inlandsflughafen südlich der Altstadt; Anreise per Taxi oder Bus 15. (Tel. 570 3030).
• **Stadtbusse** (www.straeto.is) fahren werktags ab 7, So/Fei ab 10 Uhr bis Mitternacht alle 20–30 Min.; Sa, So Nachtbusse bis 4 Uhr. Das Netz ist relativ dicht; weit herum kommt man mit den S-Linien 1 bis 6. Große Umsteigestationen sind Hlemmur und Mjódd.
• **Fernbusse** in alle Landesteile verkehren ab BSÍ-Terminal, Vatnsmýrarvegur 10, Tel. 580 5400, www.bsi.is.
• Die **Reykjavík Tourist Card** berechtigt zur **!** kostenfreien, unbegrenzten Benutzung der Stadtbusse und gewährt freien Eintritt in viele Museen,

Thermalbäder, den Familien- und Tierpark. Die Karte beinhaltet auch noch diverse Rabatte, man erhält sie in der Touristninformation sowie zahlreichen Hotels und Geschäften. Sie sind erhältlich für 1, 2 oder 3 Tage (3500, 4700 oder 5500 ISK).

## Hotels
### Borg €€€
Das 1930 erbaute Luxushotel im Zentrum schwelgt im Art déco – **!** selbst die Einzelzimmer sind mit Liebe zum Detail eingerichtet.
• Pósthússtræti 11 | Reykjavík
 Tel. 551 1440
 www.keahotels.is/en/hotels/
 hotel-borg

### Hilton Hotel Nordica €€€
Großes, schickes Designerhotel östlich des Zentrums mit Gourmetrestaurant und Spa. Besonders schön sind die Zimmer mit Blick auf den Tafelberg Esja.
• Suðurlandsbraut 2 | Reykjavík
 Tel. 444 5000
 www.hiltonreykjavik.com

### Marina €€€
Direkt im neuen Zentrum Reykjavíks, dem alten Hafen. Modern und funktional eingerichtet. Restaurants und Shops in der Nähe.
• Mýrargata 2 | Reykjavík
 Tel. 560 8000
 www.icelandairhotels.com

### Hotel Oddsson €–€€€
Hostel mit Zimmern für alle Bedürfnisse in einem ehemaligen Lagerhaus, heute Baudenkmal. Toller Blick.
• Hringbraut 121 | Reykjavík
 Tel. 511 3579 | www.oddsson.is

**Reykjavík Hostel Village** €–€€€
Zentral gelegen. Einfache Zimmer in
fünf Wohngebäuden. Es gibt auch
Apartments mit eigener Küche und Bad.
• Flókagata 1 | Reykjavík
  Tel. 552 1155 | www.hostelvillage.is

**Baldursbrá** €€
Eine gute Adresse: acht schöne Zimmer,
Whirlpool auf der Terrasse und freund-
liche, deutschsprachige Betreuung.
• Laufásvegur 41 | Reykjavík
  Tel. 552 6646
  http://notendur.centrum.is/~heijfis

**Gästehaus 101** €–€€
Einfache Zimmer, WC und Dusche auf
den Etagen. Die Atmosphäre ist freund-
lich und hilfsbereit; von hier sind alle
Punkte der Stadt schnell zu erreichen.
• Laugavegur 101 | Reykjavík
  Tel. 562 6101 | www.iceland101.com

**Capital-Inn** €–€€
Helle, einfach ausgestattete Zimmer, gute Kücheneinrichtung. Auch Schlafsackunterkunft und Fahrradverleih für Gäste.
• Suðurhlíð 35 d | Reykjavík
  Tel. 588 2102 | www.capitalinn.is

**Youth Hostel** €
Ganzjährig geöffnete Jugendherberge
mit 170 Betten im Laugardalur-Park;
zwei weitere Häuser im Zentrum. Gute
Busverbindungen ins Zentrum.
• Sundlaugavegur 34 | Reykjavík
  Tel. 553 8110 | www.hostel.is

## Restaurants
**Matur og Drykkur** €€–€€€
Man konzentriert sich auf isländische
Produkte und Traditionsgerichte mit
neuem Touch. Passend: Restaurant ist in

Luxus pur im Art-déco-Stil: Hotel Borg

der ehemaligen Salzfischfabrik. Durchaus angesagt!
• Grandagarður 2 | Reykjavík
  Tel. 571 8877 | http://maturogdrykkur.is

**Bjórgarðurinn** €€
In der Tiefe des Foss Hotels befindet sich
der gemütliche »Biergarten« mit frischen Bieren und passenden kleinen
Gerichten, wie Burgern. Tgl. 16–24 Uhr
• Þórunnartún 1 | 105 Reykjavík
  Tel. 531 9030 | www.bjorgardurinn.is

**Tapasbarinn** €€
Angesagt bei der Jeunesse dorée: eine
Mischung aus isländischer und spani-
scher Küche.
• Vesturgata 3 b | Reykjavík
  Tel. 551 2344 | www.tapas.is

**Ítalía** €–€€
Eines der ältesten italienischen Restaurants in Reykjavík – seine Beliebtheit ist
ungebrochen.
• Laugavegur 11 | Reykjavík
  Tel. 552 4630
  www.italia.is

**Gló** €–€€
Viele sehr gute vegetarische Gerichte;
50% der Zutaten sind aus organischem
Anbau. Säfte und Smoothies.
• Laugavegur 20b | Reykjavík
  Tel. 553 1111 | www.glo.is

## Shopping
• Das **Shopping-Center Smáralind** in
  Reykjavíks südlicher Nachbarstadt
  Kópavogur vereint über 100 Geschäfte
  aller Branchen (Hagasmára 1, www.
  smaralind.is, im Sommer kostenlose
  Busverbindung, ansonsten Linien 1, 2,
  24, 28, Mo–Fr 11–19, Do bis 21 Uhr).
• Mehr als 180 Geschäfte, Cafés und
  Restaurants bietet die **Kringlan Mall**
  (Kringlan 4–12/Listabraut, www.
  kringlan.is, kostenloser Bustransfer ab
  Harpa, Mo–Mi 10–18.30, Do bis 21, Fr
  bis 19, Sa 10–18, So 13–17 Uhr).

## Nightlife
Reykjavík hat ein lebhaftes Nachtleben.
Zentrum ist die Altstadt, die nach ihrer

Postleitzahl auch als »**101 Reykjavík**«
bekannt ist. **50 Dinge** ④ › S. 12.

### Iðnó
Die ehemalige Spielstätte des Stadtthe-
aters wird weiterhin für Theaterabende,
Lesungen und Musikveranstaltungen
genutzt. Gutes Restaurant.
• Vonarstræti 3 | Reykjavík
  Tel. 562 97 00
  www.idno.is

### The Dubliner
Irlandfeeling in Island: irische Musik bei
Guinness vom Fass.
• Hafnarstræti 1–3 | Reykjavík
  Tel. 527 3232
  www.dubliner.is

### Kaffi Vínyl
Der Name ist Programm: DJ-Auftritte,
aber auch Livemusik. Zudem kann man
Platten kaufen und hier essen. Vintage.
• Hverfisgata 76 | Reykjavík
  Tel. 773 0465

# Unterwegs in der Umgebung

## Goldener Kreis

### Mosfellsbær ❸ [C5]
Hauptattraktion von Mosfellsbær
ist **!** das ehemalige Wohnhaus des
Literaturnobelpreisträgers Halldór
Laxness, **Gljúfrasteinn**. Eine Multi-
mediapräsentation informiert über
Leben und Werk von Islands Natio-
naldichter (1902–1998), zudem sind
Audioguides (auch auf Deutsch) er-
hältlich. Von seinem Arbeits- und
Schlafzimmer genoss Laxness den

schönen Blick in die Landschaft, die
ihn stets inspirierte (Juni–Aug. tgl.
9–17, Sept.–Mai Di–So 10–16 Uhr,
www.gljufrasteinn.is).

### Þingvellir ❹ ⭐ [C5]
Auf den ersten Blick werden sich
Besucher fragen: Was ist dran an
diesem Platz 50 km östlich der
Hauptstadt, außer der scharfkanti-
gen, wie mit einer Säge aus dem Gestein geschnittenen Schlucht? Nun,
abgesehen davon, dass hier isländi-

sche Geschichte geschrieben wurde, kann man in der **Allmännerschlucht** (*Almannagjá*) ❗ mit einem Bein in Europa, mit dem anderen in Amerika stehen, denn hier befindet sich die Nahtstelle zwischen europäischer und amerikanischer Kontinentalplatte. Wie aktiv die Kontinentaldrift ist, zeigte ein Erdbeben im Jahr 1789: Binnen zehn Tagen sackte damals der Boden um ganze 67 cm ab. Heute verbreitert sich der Graben pro Jahr um 8 mm.

Westlich der Almannagjá erkennt man am Berg die Überreste einfacher Steinbehausungen: In diesen *buðir* wohnten wichtige Goden während der Versammlungen des Alþings › **Seitenblick unten.**

Am östlichen Ufer des Öxará-Flusses (**50 Dinge** ㉔ › **S. 15**) markiert die um 1860 erbaute **þingvalla-Kirche** jenen Ort, an dem die erste

isländische Kirche nach der Bekehrung zum Christentum im Jahr 1000 stand. Im Inneren sind das Altarbild des Dänen Niels Anker, die hölzerne Kanzel (1863) und ein silberner Hostienkelch (1743) zu sehen (Mitte Mai–Aug. tgl. 9 bis 17 Uhr). In den nebenstehenden Holzhäusern befinden sich Räume für den Pfarrer sowie den Direktor des 50 km² großen Nationalparks.

Im großen, malerischen See **þingvallavatn** im Nationalpark bietet Arctic Adventures Schnorcheltouren an (Tel. 562 7000, www.adventures.is). **50 Dinge** ② › **S. 12.**

## Info

**Servicezentrum þingvellir**

Infos und Angellizenzen. Info und Cafeteria Mai–Aug. tgl. 9–20, sonst 9–17 Uhr

• Leirar, an der Straße Nr. 36

  Tel. 482 2660

### Alþing in Þingvellir

Im Frühsommer des Jahres 930 kamen erstmals die 36 Goden zusammen, freie Bauern, die zugleich die Oberhäupter der Godentümer waren, um das rechtliche Zusammenleben auf der Insel zu ordnen. Die gewaltige Schlucht, die heute den Namen Almannagjá (Allmännerschlucht) trägt, schien als Versammlungort ideal: die Felsen als Tribüne für stimmgewaltige Redner, die Ebene für das Publikum. Dem ersten Alþing folgten weitere, immer während der »zehnten Sommerwoche« (Ende Juni/Anfang Juli). Vom Lögberg aus, dem »Gesetzesfelsen«, trug der jeweils für drei Jahre gewählte Lögsögumaður, der Gesetzessprecher, die Gesetze den bis zu 5000 Zuhörern auswendig vor – und zwar jeweils zu einem Drittel, sodass er mit der rechtskräftigen Verkündung erst zum Ende seiner Amtszeit fertig war. Das oberste Gericht, die Lögrétta, fällte Urteile, die meist sofort vollstreckt wurden.

332 Jahre funktionierte diese frühparlamentarische Verwaltung reibungslos, dann geriet Island zunehmend unter Fremdherrschaft. Das Alþing, das zunächst noch Gesetze erlassen konnte, verlor seine Rechtshoheit. Erst von 1843 an erlangte es Schritt um Schritt seine einstige Bedeutung wieder – diesmal allerdings nicht mehr in Þingvellir, sondern in Reykjavík.

**Multimedia-Informationszentrum**

Multimedia-Ausstellung zur Natur und Geschichte des Nationalparks (Toilettengebühr 200 ISK, Parkgebühr für PKW 500 ISK).

- Oberhalb der Almannagjá
  www.thingvellir.is
  April-Okt. tgl. 9–18, sonst 9–17 Uhr

## Laugarvatn **5** [C5]

Umgeben von den einsamen, kargen Lavafeldern des Gjábakkahraun

### Interessante Museen

- Das **Kunstmuseum** im Hafnarhús (Hafenhaus) in Reykjavík zeigt u. a. die Werke des von Comics und Pop Art beeinflussten isländischen Künstlers Erró. › **S. 56**
- Literaturfreunde zieht es zum ehemaligen Wohnhaus des Nobelpreisträgers Halldór Laxness, **Gljúfrasteinn.** › **S. 64**
- Einzigartig ist die Sammlung der (funktionsfähigen!) Motoren im **Seefahrts- und Heimatmuseum** in Garðskagi. › **S. 71**
- Das **Heringsmuseum** in Siglufjörður präsentiert anschaulich die Bedeutung des Heringsfangs in früheren Zeiten. › **S. 106**
- »Steinreich« ist Petra Sveinsdóttirs **Mineraliensammlung** in Stöðvarfjörður mit Funden aus der Gegend. › **S. 116**
- Wenn man nur ein einziges volkskundliches Museum in Island besuchen kann, ist das **Skógasafn** in Skógar allererste Wahl. › **S. 126**

und Kahraun liegt der »See der warmen Quellen« mit dem gleichnamigen kleinen Ort. An einer der Quellen namens Vígðalaug wurde der Sage nach 1550 der in Skálholt hingerichtete beliebte Bischof Jón Arason vor seiner Bestattung reingewaschen. Im Sommer erreicht der See durchaus angenehme Badetemperaturen: Heiße Quellen und die Sonne heizen ihn dann auf bis zu 20 °C auf.

Oder haben Sie Lust auf einen Spabesuch? In der Nähe des Sees lädt **Fontana** zum Verweilen ein mit warmen Badebecken und einem Dampfbad, inkl. Snacks und Sonnenbad (Tel. 486 1400, www.fontana.is). **50 Dinge** ③ › S. 12.

### Hotel

**Edda-Hótel ÍKÍ €€€**

Sommerhotel, manche Zimmer mit Seeblick, gutes Restaurant und Sportmöglichkeiten (Schwimmen, Golf).

- Laugarvatn | Tel. 444 4820
  www.hoteledda.is

### Camping

**Laugarvatn**

Komfortabler, sehr gepflegter und empfehlenswerter Platz mit guter Anbindung. Mitte Mai–Mitte Sept. geöffnet.

- Laugarvatn | Tel. 615 5848
  www.tjalda.is/en/laugarvatn

### Restaurant

**Lindin €€**

Vielfältige Gerichte, zu empfehlen sind die Hummersuppe sowie Lamm und Kabeljau. April–Okt. tgl 11.30–23 Uhr, ansonsten für Gruppen.

- Laugarvatn | Tel. 486 1262
  www.laugarvatn.is

Bis zu 20 m hoch: die Fontäne des Strokkur

## Haukadalur [C/D5]

Das Thermalfeld namens »Habichtstal« ist vor allem für seine Geysire berühmt. Sehenswert sind auch die vielen Kalksinterbecken mit bläulich schimmerndem Wasser sowie Fumarolen und Schlammtöpfen.

### Geysir (Stóri Geysir) 6 [D5]

Er gab allen Springquellen der Welt den Namen: der Stóri oder Große Geysir am Fuß des Laugarfjall. Seit einem starken Erdbeben im Juni 2000 macht der Stóri Geysir nach fast 100-jähriger Pause wieder Versuche zu sprühen, doch selten und nur wenige Meter hoch; vorbei sind die Zeiten, als die Fontäne über 60 m hoch stieg.

### Strokkur ⭐ [D5]

Dafür erfreut der nur 100 m entfernte kleine Nachbar Strokkur (»Butterfass«) verlässlich die meist in Scharen versammelten Touristen mit hohen Fontänen. Etwas weiter westlich hat man von einem Aussichtspunkt einen tollen Blick über das Hochtemperaturgebiet (vulkanische Zone, in der über 150 °C heißes Wasser austritt) – und nachmittags, bei Sonne, das beste Fotolicht.

### Info

**Geysir Center**

Riesiger Souvenirladen und diverse Restaurants und Bistros. Keine ausgewiesene Infostelle.

- Haukadalur | Tel. 480 6800
  www.geysircenter.is
  Im Sommer tgl. 9–22 Uhr

### Hotel

**Hótel Geysir** €€€

Das Hotel im Blockhausstil mit Pool und rustikalen Zimmern oder Blockhütten sowie Restaurant bietet seinen Gästen die seltene Chance, die beliebten Geysire sehr früh am Morgen zu erleben.

- Haukadalur
  Tel. 480 6800
  www.geysircenter.is

Der Gulfoss rauscht über zwei Felsstufen in die Tiefe

## Gullfoss ⭐ **7** [D4/5]

Besonders schön präsentiert sich dieser großartige Wasserfall in den Abendstunden, wenn die tief stehende Sonne die feine Gischt aus den Kaskaden in jenes goldfarbene Licht taucht, das dem Spektakel den Namen gab. Vom unteren Parkplatz führt ein glitschiger Weg bis an die Kante des kleinen Canyons – man sollte sich wasserfest kleiden und auch Foto- oder Videokamera vor der kalten Dusche schützen. Die Hvítá, ein Gletscherfluss des Langjökull, rauscht zunächst über eine 11 m hohe Gesteinstreppe, ehe das Wasser an einem zweiten Vorsprung weitere 21 m hinabstürzt.

## Skálholt **8** [C5]

Über 700 Jahre lang hatte der Bischofssitz südlich von Laugarvatn enorme Bedeutung für Island und seine Geschichte. Zerstörungen durch ein Erdbeben 1785 bewogen die Geistlichkeit schließlich, nach Reykjavík umzuziehen. Die moderne Kirche erinnert an die große Zeit. In der Krypta der 1963 geweihten Domkirche, die am Ort der früheren Kirchen steht, liegen die Gebeine der Bischöfe von Skálholt. In den Sommermonaten finden stimmungsvolle Konzerte statt (Tel. 821 3637, www.sumartonleikar.is).

## Hveragerði **9** [C5]

Das Hochtemperaturgebiet Hengill rings um die Stadt (2500 Einw.) bietet mit die Voraussetzung, dass hier auf mehr als 18 ha Fläche bunte Topfpflanzen und Gemüse wie saftige Gurken oder Tomaten angebaut wurden, man sogar unter Palmen sitzen konnte.

Dank der geologischen Besonderheit Islands können zahllose Gewächshäuser im Ort mit heißem Dampf aus zwei 350 m tiefen Bohrlöchern versorgt werden. Natürlich muss der Natur im dunklen Winter mit Infrarotlicht nachgeholfen werden. Die Pflanzen gedeihen auf einer Mischung aus Lehm, Torf und vulkanischer Asche. Heute stehen hier nur noch wenige Gewächshäuser, denn viele Bauern haben jetzt eigenen Anbau und Gewächshäuser. Dennoch ist Hveragerdi immer noch beliebt als Einkaufsort und vor allem als Ausgangspunkt für Wanderungen ins Hengillgebiet. Landwirtschaftsschüler aus ganz Skandinavien werden in der staatlichen Gartenbauschule unterrichtet.

Schnupperritte auf echten Island-Pferden oder Reiterferien ermöglicht der Reiterhof **Eldhestar** etwas südlich von Hveragerði (Vellir, Tel. 480 4800, www.eldhestar.is).

## Info
**Ferðaþjónusta Suðurlands**
Im Gebäude befindet sich auch eine Ausstellung zum Erdbeben von 2008.
• Sunnumörk 2–4 (Einkaufszentrum) Hveragerði | Tel. 483 4601
www.south.is
Im Sommer Mo–Fr 8.30–18, Sa 9–16, So 9–14, im Winter Mo–Fr 8.30–17, Sa 9–13 Uhr

## Hotels
**Hótel Örk** €€€
Großes Hotel mit 85 Doppelzimmern, Restaurant, Golfplatz und Schwimmbad.
• Breiðamörk 1c | Hveragerði
Tel. 483 4700 | www.hotel-ork.is

**Frumskógar** €€–€€€
Nettes Gästehaus; einfache Zimmer und schicke Apartments für 2–4 Personen.
• Frumskógar 3 | Hveragerði
Tel. 896 2780 | www.frumskogar.is

## Restaurant
**Kjöt & Kúnst** €–€€
Abwechslungsreich und gut; gekocht wird mit dem Dampf heißer Quellen.

Auch isländische Traditionsgerichte werden serviert. Sommer: Mo–Sa 12–21 Uhr.
• Breiðamörk 21 | Hveragerði
Tel. 483 5010 | www.kjotogkunst.is

# Reykjanes-Halbinsel
## Hafnarfjörður 🔟 [C5]
Die attraktive, mit 27 000 Einwohnern drittgrößte Stadt Islands schmückt sich mit dem Wikingererbe – und mit Elfen. Letztere sollen im Park **Hellisgerði** in der Stadtmitte leben. Tatsächlich wirken die Kontraste von Blumenrabatten und verwunschenen Niedrigbäumen inmitten erkalteter Lavablasen bizarr. Elfen-Führungen › **Special S. 28.**

Hafnarfjörður blickt auf eine interessante Geschichte zurück, knapp 200 Jahre lang nutzte die deutsche Hanse den Vorteil des geschützten Hafens. In den Gebäuden des **Heimat- und Schifffahrtsmuseums** wird die Historie lebendig präsentiert: **Sívertsens-Hús** ist das ehemalige Wohnhaus des Händlers Bjarni Sívertsen (1760–1833), der als Vater der Stadt gilt (Vesturgata 6, tgl. 11–17 Uhr).

Auch das **Geschichtsmuseum** (Sjóminjasafn Íslands, Vesturgata 8, tgl. 11–17 Uhr) sowie das **Arbeiterwohnhaus Siggubær** (Kirkjuvegur 10, Sa/So 11–17 Uhr) vom Beginn des 20. Jhs. gehören zum Museum.

Zurück in die Zeit der Landnahme reist man im Wikingerdorf **Fjörukráin**. Seine schwarzen Holzgebäude zieren Drachenköpfe. Zum Komplex gehören ein Kulturhaus, das Wikingerlokal **Fjorugarðurinn** (tgl. ab 18 Uhr, €€–€€€) und ein

Hotel › **unten**. Für Gruppen kann eine Wikingerentführung organisiert werden, den Entführten wird dann in der Höhle ein besonderes Programm geboten (zwischen 18 und 20.30 Uhr).

## Info

**Tourist Information**
Mo–Fr 8–16 Uhr, im Sommer zusätzlich im Museum tgl. 11–17 Uhr
• Strandgata 6 | Hafnarfjörður
  Tel. 585 5500
  www.visithafnarfjordur.is

## Hotels

**Hótel Viking €€€**
⚠ Wohnen mit Wikinger-Charme – 42 Zimmer, deren Einrichtung die Wikingerkultur thematisiert. Restaurant, Hot Pot und Wikingerhütten als Unterkunft.
• Strandgata 55 | Hafnarfjörður
  Tel. 565 1213 | http://fjorukrain.is/en

**Lava Hostel €** und
**Hafnarfjörður Camping**
Moderne größere Unterkunft und guter Campingplatz (Mitte Mai–Mitte Sept.).
• Hjallabraut 51 | Hafnarfjörður
  Tel. 565 0900 | www.lavahostel.is

## Restaurants

**Gamla Vínhúsið €€–€€€**
Sehr gute isländische Küche, Pizza und Hamburger in einem urigen Haus aus dem 18. Jh., einem der ältesten in der Stadt. Mo–Fr ab 12, Sa/So ab 18 Uhr.
• Vesturgata 4 | Hafnarfjörður
  Tel. 565 1130 | www.gamlavinhusid.is

**Súfistinn €**
Café im ältesten Steinhaus des Ortes mit leckeren Gerichten (auch vegetarisch) und Kuchen. Mo–Fr 8.15–23.30, Sa/So ab 10/11 Uhr.
• Strandgata 9 | Hafnarfjörður
  www.sufistinn.is

## Shopping

**Fjörður**
Das kleine Einkaufszentrum führt Bekleidung sowie diverse Outdoor- und Sportartikel. Ein Pluspunkt sind die gemütlichen Espressobars.
• Fjarðargata 13–15 | Hafnarfjörður

## Festival

Alljährlich im Juni gibt es beim **Hafnarfjörður-Festival** Darbietungen der Wikinger, wie Schwertkämpfe oder Reiterspiele, daneben klassische Konzerte, Kino- und Theateraufführungen.

# Keflavík 🏛 [B5]

Zusammen mit seinen Nachbarorten Njarðvík und Hafnir bildet Keflavík die Gemeinde Reykjanesbær. Lange verband man Keflavík vor allem mit der dort stationierten US-Airbase, die 2006 aufgegeben wurde. Westlich des Orts befindet sich der internationale Flughafen von Reykjavík.

Aufgrund der guten Lage ist der Ort schon seit dem 16. Jh. ein wichtiger Hafen. Entlang der Küste gibt es schöne Spazierwege, reizvoll sind die Basalthöhlen im alten Hafenbereich **Grófin**.

In Njarðvík befindet sich ein altes Grassodenhaus, **Stekkjarkot** (Mi bis So 13–17 Uhr). Nicht weit entfernt steht ein **Museum**, extra für das **Wikingerschiff »Íslendingur«** (»der Isländer«) erbaut. Thema sind u.a. die beeindruckenden Fahrten vor

Wikingerfestival in Hafnarfjörður

rund 1000 Jahren zwischen Norwegen und Kanada. Das Schiff ist ein exakter Nachbau des Wikingerbootes »Gokstad« und wurde von Gunnar Eggertsson, der ein direkter Nachfahre Leifur Eiríkssons sein soll, geschaffen. Es segelte im Jahr 2000 von Island aus nach Grönland, Kanada und in die USA, bevor es schließlich in Keflavík einen festen Hafen fand (Víkingabraut 1, tgl. 7–18, Nov.–Jan. 10–17 Uhr, 1500 ISK, www.vikingaheimar.is).

### Restaurants

**Kaffi Duus** €€
Die vielfältigen Fischgerichte und der Hafenblick lohnen den Besuch.
• Duusgata 10 | Keflavík
Tel. 421 7080
www.duus.is

**Kaffitár** €
Ein Café mit kleinen Gerichten in Islands Kaffeerösterei; auch sehr schöner Laden.
• Stapabraut 7 | Keflavík
Tel. 420 2700

## Garður 12 und Sandgerði 13 [B5]

Der kleine ehemalige Fischerort **Garður** besitzt zwei Leuchttürme, die an der Landspitze **Garðskagi** stehen. Dort bietet sich ein herrlicher Blick über die Bucht Faxaflói. Der jüngere Leuchtturm von 1944 ist mit seinen 28 m der höchste des Landes.

Lohnend ist ein Besuch des **Seefahrts- und Heimatmuseums,** wo neben ! der beachtlichen Motorensammlung auch alte Gebrauchsgegenstände wie Radios oder Kühlschränke zu sehen sind (Skagabraut 100, Tel. 422 7220, http://safnabokin.is/museum/the-gardskagi-folkmuseum, tgl. 13–17 Uhr).

Nichts erinnert heute mehr in dem kleinen **Sandgerði** an seine frühere Bedeutung als dänischer Handelsplatz. Am Ortseingang steht eine Skulptur mit dem Namen »Verzauberung«. Das **Naturhistorische Zentrum** gibt Aufschluss über die Verbindung zwischen Mensch und Natur, vor allem in Hinblick auf das Meer und seine Lebewesen (Mo–Fr 10 bis 16, Sa/So 13–17 Uhr, http://thekkingarsetur.is).

## Restaurant

**Tveir Vitar €**

Neben den selbst gemachten Kuchen und Suppen gibt es einen tollen Ausblick von der Terrasse.

• Garður | Tel. 422 7214

## Grindavík 14 [B5]

Schon die frühen Siedler ließen sich hier nieder, im Mittelalter war der Ort ein wichtiger Handelsplatz. Heute verfügt Grindavík über einen der bedeutendsten Häfen. Das **Salzfischmuseum** informiert über die Geschichte der Salzfischherstellung (Hafnargata 12a, Mitte Mai–Mitte Sept. tgl. 10–17 Uhr). Grindavík ist zudem ein guter Ausgangspunkt für Wanderungen, so z.B. auf den 243 m hohen Tuffberg **Þorbjarnafell**.

## Restaurant

**Salthúsið €€€**

❗ Die Spezialität des Hauses ist Salzfisch. Aber auch Gerichte mit Lamm sind im Angebot.

• Stamphólsvegur 2 | Grindavík
  Tel. 426 9700 | www.salthusid.is

## Blaue Lagune 15 ⭐ [B5]

Spätestens kurz vor dem Heimflug wird ein Besuch in Islands berühmtestem und teuerstem Badesee auf dem Programm stehen, der nicht weit vom internationalen Flughafen entfernt liegt. Ein Geothermalkraftwerk nutzt die örtlichen Thermalquellen zur Energieerzeugung und speist dann das heiße Wasser in die moderne Anlage der *Bláa Lónið*. Zu jeder Jahreszeit kann man im großen Außenbecken im fast 40 °C warmen Nass, das Mineralsalze und Algen enthält, baden oder sich mit Schönheitsanwendungen verwöhnen lassen › **Special S. 103**.

## Hotel

**Hotel Silica €€€**

Fünf Gehminuten von der Lagune bietet das Hotel gemütlich eingerichtete Zimmer. Eine eigene Lagune gehört dazu.

• Grindavík | Tel. 420 8800
  www.bluelagoon.com

## Hafnarberg 16 [B5]

Der Vogelfelsen zählt zu den größten seiner Art in ganz Island und ist wohl nur darum nicht so bekannt wie z.B. Látrabjarg in den Westfjorden › **S. 86**, weil man ihn nur mit einer 40-minütigen Wanderung erreichen kann (von Kalmanstjörn südlich von Hafnir aus). Hier erlebt man im Sommer das Geflatter und Gewusel Zehntausender Papageitaucher, Eissturmvögel, Lummen, Möwen und anderer Vögel.

## Brücke zwischen den Kontinenten 17 [B5]

Von einem Parkplatz an der Straße Nr. 425 geht man zu der 18 m langen Brücke aus Holz und Stahl. Sie überspannt den Graben zwischen der eurasischen und der nordamerikanischen Kontinentalplatte, der sich von hier bis Öxarfjörður im Nordosten zieht.

*Wasserfall vor dem Berg Kirkjufell auf der Snæfellsnes-Halbinsel*

# WESTEN

**Kleine Inspiration**

- **Eine Münze in die Snorralaug werfen** – das soll Glück bringen oder zumindest einen Wunsch erfüllen › S. 80
- **Bei Búðir am Strand spazieren gehen,** die Weite und die helle rötliche Färbung des Sandes bewundern › S. 83
- **Den Helgafell bei Stykkishólmur** schweigend und ohne sich umzublicken besteigen – auch das soll einen Wunsch erfüllen › S. 84
- **Sich zu den Papageitauchern am Látrabjarg setzen** und ein tolles Tierfoto machen › S. 86

**Wild, einsam und abwechslungsreich, mit Gletschern, Lavafeldern, Wasserfällen und Vogelfelsen, zeigt sich der Westen Islands mit der Halbinsel Snæfellsnes und dem Gebiet der Westfjorde.**

In Islands Westen hat man das Gefühl, sich stets an der schmalen Grenze zwischen Zivilisation und ungezähmter, einsamer Wildnis zu bewegen. Obwohl die Westfjorde immerhin 10 % der Landesfläche einnehmen, wohnen gerade 4 % aller Isländer dort.

Die Region erstreckt sich im Süden von Akranes am Hvalfjörður bis in den Norden zum Hornbjarg im abgelegenen Hornstrandir. Im Osten reicht sie ins Hochland mit den Gletschern Langjökull und Eiríksjökull, im Westen umfasst sie die Halbinsel Snæfellsnes und das Gebiet Westfjorde. Die Landschaft ist ungemein abwechslungsreich mit grünen Wiesen, grauen Lavafeldern, Gletschern und den vielleicht schönsten Wasserfällen Islands, Hraunfossar und Dynjandi.

Noch heute ist die Fischerei der wichtigste Wirtschaftszweig in den Westfjorden und auf Snæfellsnes, auch wenn die meisten Orte ihre frühere Bedeutung längst verloren haben. Schöne, helle Strände laden zu Spaziergängen ein, immer wieder gibt es Gelegenheit, mit der überwältigenden Natur ganz allein zu sein.

# Touren in der Region

## Tour 4

## Zwischen Hvalfjörður und Húsafell

**Route:** (Reykjavík ›) Mosfellsbær › Hvalfjörður › Reykholt › Húsafell › Borgarnes

**Karte:** Seite 76
**Dauer:** 3 Tage
**Praktische Hinweise:**
• Für diese Tour braucht man einen Pkw, Busverbindungen gibt es nur nach Borgarnes und Reykholt.

**Tour-Start:**
Etwa 17 km nördlich von Reykjavík erreicht man zunächst Mosfellsbær › S. 64 und bald darauf den **Hvalfjörður** [C4/5], Islands tiefsten Fjord. Seit ihn ein Tunnel unterquert, geht es auf der ehemaligen Ringstraße um den 30 km langen Fjord recht ruhig zu, sodass man gemütlich steile Berge und hübsche Wasserfälle besichtigen kann. Am östlichen Endpunkt des Fjords kann man vom Parkplatz am Fluss Botnsá zum **Glymur** [C4] wandern, dem höchsten Wasserfall Islands (ca. 4 Std. hin und zurück). In **Miðsandur** gab es

einen Stützpunkt der US-Navy, danach eine Walfangstation. An der Nordseite des Fjords in **Saurbær** **[C4]** liegt ein alter Pfarrhof, in dem der Dichter Hallgrímur Pétursson tätig war. In der Kirche (1957) sind schöne Glasfenster zu sehen.

Kurz vor Saurbær zweigt die Straße 520 ab, die an Seen mit etlichen Sommerhäusern vorbeiführt. Nach rund 25 km stößt sie auf die Nr. 50, von der es nach weiteren 14 km auf der Nr. 518 nach Reykholt geht. Knapp einen Kilometer hinter dem Abzweig, in Richtung Borgarnes, sprudelt die **Deildartunguhver,** Islands ergiebigste heiße Quelle. **50 Dinge** ⑮ › S. 14. In **Reykholt** **3** › S. 80 kann man übernachten und am nächsten Tag das Snorri-Museum ansehen. Nachmittags geht es dann weiter nach **Húsafell** **5** › S. 80, wo man übernachtet und anderntags die Lavahöhlen besichtigt. Schließlich führt der Weg nach **Borgarnes** **2** › S. 79, um den Spuren des Sagahelden Egil zu folgen.

# Auf der Halbinsel Snæfellsnes

**Route:** Borgarnes › Búðir › Snæfellsjökull-Nationalpark › Hellissandur › Stykkishólmur

**Karte:** Seite 76
**Dauer:** 2–3 Tage
**Praktische Hinweise:**
• Für diese Tour kann man auch Linienbusse nutzen.

## Tour-Start:

Auf der Südseite der Halbinsel verläuft die Straße 54 von **Borgarnes** **2** › S. 79 aus zunächst durch eine Moorlandschaft: Die Mýrar-Ebene ist ein sehr wasserreiches Gebiet, ein Relikt aus der Eiszeit mit zahlreichen Seen und bekannten Angelflüssen. Wenn nach kurzer Fahrt der 112 m hohe, symmetrisch geformte Ringwallkrater **Eldborg** **[B4]** am Horizont auftaucht, ist die Halbinsel Snæfellsnes erreicht.

Hinter der Brücke über den Fluss Haffjarðará zweigt rechter Hand die kleine, gut befahrbare Piste 567 ab. Nach ca. 1 km erreicht man nahe des Hofs **Gerðuberg** **[B4]** eine Basaltwand, die aus zahllosen sechseckigen Säulen in unterschiedlicher Größe besteht. Ca. 5 km weiter nördlich rauschen mehrere Wasserfälle und ein kleiner Bach. Ein Pfosten markiert die **Rauðamelsölkelda** **[B4]**, eine der größten Mineralquellen Islands.

Beim Hof **Ytri-Tunga** **[B4]** führt eine kleine Piste zum Meer hinab, wo sich oft Seehunde sonnen. Nördlich von Lýsuvatn liegt der Reiterhof Lýsuhóll. Wer sich anmeldet, kann dort in einem Schwimmbad in temperiertem Sodawasser aus einer nahen Quelle baden (auch Ferienhäuser, Tel. 435 6716, www.lysuholl.is).

Erst 15 km vor **Búðir** **9** › S. 83 nähert sich die Straße wieder der Küste. Hier sind die Sandstrände hell, für Island eher ungewöhnlich. In den kleinen Orten **Arnarstapi** **8** › S. 82 oder **Hellnar** **[B4]** kann man eine Pause für einen Imbiss einlegen, bevor man in den kleinen Na-

ATLANTISCHER

OZEAN

Hornb
Hælavíkurbjarg
Hornbjarg
Adalvík  Hornstra
Sæból  Hesteyri

Ísafjarðardjúp

Bolungarvík  **22**
Suðureyri  Ísafjörður  Unaðsdala
**21**  61
Þverfell
676  Reykja
60
Þingeyri  **20**  Hrafnseyri
**19**  Dynjandi
Selárdalur  **6**
**18**  Fjallfoss
Bíldudalur
Patreks-  63
fjörður  Reykjafjörður
Örlygshöfn  **15**  Briánslækur  60
Hvallatur  420  **14**
**16**  Breiðavík  Hnjótur
**17**  62
Látrabjarg  **6**
Flatey

Breiðafjörður

**6**
Stykkishólmur  Bre
**12**
Hellissandur  **7**  **11**  Hnjótur
**10**  Bjarnarhöfn
**5**  Ólafsvík  Grundarfjörður
**6**  Snæfells-  Snæfellsnes
1448  jökull  54
Dritvík  **9**
Söng-  **8**  Búðir  Ytri-Tunga
hellir  Arnastapi
Djúpalónssandur  Hellnar
Malarrif

Faxaflói

0        30 km

N

Selsker/Sælusker

Reykjarfjödur

Djúpavík

Laugarhóll

*Húnaflói*

Hólmavík

Króksfjardarnes

Hvammstangi

670
Rjúpnafell

Laugarbakki

582
Kollfjall

Dalir

Bordeyri

Búdardalur    Geldingafell  820

Haukadalur    Brú

Eiríksstadir

*Hvammsfjördur*

791
Hólsfjall

duberg

Eldborg

Deildartunga

Húsafell
Reykholt  Hraunfossar

Borgarnes

1041

Saurbær

Glymur

Akranes

Esja
914

Skálabrekka

*Hvalfjördur*

N.P.
Þingvellir

Þing-
vallavatn

Mosfellsbær

---

tionalpark mit dem Gletscher **Snæ-fellsjökull 6** › S. 81 gelangt. Hier bieten sich immer wieder Abstecher an die Buchten an, wie z.B. nach **Dritvík [A4]**. Von **Hellissandur 7** › S. 82 aus empfehlen sich schöne Wanderungen auf und am Gletscher, dafür sollte man zwei Nächte im Ort bleiben. Sonst fährt man am nächsten Morgen weiter entlang der Nordseite der Halbinsel. Unterwegs lohnen sich Pausen z.B. in **Ólafs-vík 10** › S. 84 oder dem hübsch gelegenen **Grundafjördur [B4]**.

Für den direkten Weg nach Stykkishólmur bleibt man auf der Nr. 54, doch kurz hinter Hraunsfjörðud lohnt noch ein besonderer Abstecher: Rechts zweigt eine durchaus Pkw-taugliche Piste durch das Lavafeld **Berserkjahraun** ab. Die graugrüne, moosbewachsene Lava hat die bizarrsten Formen gebildet. Die Piste mündet in die Straße Nr. 56, die wieder zur 54 führt. Von ihr zweigt die 58 nach Norden ab; nach 10 km ist **Stykkishólmur 12** › S. 84 erreicht.

## Touren im Westen

### Tour 4

**Zwischen Hvalfjörður und Húsafell**

(Reykjavík ›) Mosfellsbær › Hvalfjörður › Reykholt › Húsafell › Borgarnes

### Tour 5

**Auf der Halbinsel Snæfellsnes**

Borgarnes › Búðir › Snæfellsjökull-National-park › Hellissandur › Stykkishólmur

### Tour 6

**Durch die Westfjorde**

Stykkishólmur › (Dalir ›) Brjánslækur › Látrabjarg › Dynjandi › Ísafjörður

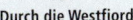

# Durch die Westfjorde

**Praktische Hinweise:**
- Entlang der südlichen Strecke der Westfjorde gibt es keine Orte; man sollte vorher einkaufen und im Sommer die Unterkünfte vorab reservieren, da sie manchmal ausgebucht sind.
- Für die kurvenreichen Küsten- und Bergstraßen benötigt man sehr viel mehr Zeit, als der Blick auf die Landkarte vielleicht vermuten lässt.
- Man kann auch nach Ísafjörður fliegen, sich dort einen Wagen mieten und die Tour in umgekehrter Reihenfolge fahren; dann spart man sich die Anreise von Reykjavík und kann sich ganz auf die Westregion konzentrieren.

## Tour-Start:

Von **Stykkishólmur** 12 › S. 84 gibt es zwei Möglichkeiten, nach Brjánslækur zu gelangen.

Etwa 2,5 Stunden ist man mit der Fähre unterwegs und durchkreuzt dabei die Schärenwelt des **Breiðafjörður** › S. 85, ein wichtiges Brutgebiet von Seevögeln, z. B. Krähenscharben oder Kormoranen. Auf der Insel **Flatey** › S. 85, die seit 1975 teilweise unter Naturschutz steht, nisten auch Alpenstrandläufer.

Deutlich länger dauert die Autofahrt auf der Straße 60 durch die Region Dalir nördlich von **Eiriksstaðir** 13 › S. 85. Man sieht viel von der Fjordlandschaft, aber die Strecke zieht sich gewaltig, denn einige Stücke sind Schotterstraße. Kurz vor Brjánslækur verlässt man die Nr. 60 und folgt der Nr. 62. Übernachtet wird in der Nähe der Anlegestelle **Brjánslækur** 14 › S. 85 oder in **Patreksfjörður** 15 › S. 86.

Für die schöne Fahrt bis nach **Látrabjarg** 17 › S. 86 – ab dem Fjord Patreksfjörður folgt man der Nr. 612 – sollte man einen ganzen Tag einplanen. Am nächsten Tag fährt man weiter durch die Orte der Umgebung und genießt die abwechslungsreiche Fahrt – hoch auf die Plateaus und anschließend wieder hinunter in die Fjorde. Ein Muss ist der Stopp am **Dynjandi** 19 › S. 86, dem höchsten und größten Wasserfall der Westfjorde. Aus der Ferne kann man seine Fächerform besonders gut erkennen. Über Þingeyri [B2] geht es nun nach **Ísafjörður** 21 › S. 87, wo man sich von der langen Fahrt erholen kann und am nächsten Tag den gut erhaltenen historischen Stadtkern zu Fuß erkundet.

## Wichtige Adressen

**Westfjords Tourist Information**
- Aðalstræti 7 | 400 Ísafjörður
  Tel. 450 8060 | www.westfjords.is

**West Iceland Marketing**
- Tourist Information Centre
  Hyrnan | Borgarbraut 58–60
  310 Borgarnes | Tel. 437 2214
  www.west.is

# Unterwegs im Westen

## Akranes 1 [B/C4]

Zementfabrikation und Fischerei-wirtschaft – diese Erwerbszweige bilden das wirtschaftliche Rückgrat der Stadt (6900 Einw.), die zwei irische Mönche um 880 gegründet haben sollen.

Das sehenswerte **Lokalmuseum** bieten einen guten Einblick in die Geschichte des Ortes, mit alten Einrichtungen, einer Ausstellung zum Tunnelbau, einer Sportausstellung und dem restaurierten, 1885 in England gebauten Segelkutter »Sigufari« (Garðagrund, Mitte Mai bis Mitte Sept. tgl. 10–17 Uhr, sonst auf Nachfrage, www.museum.is).

Als erstes isländisches Beton-gebäude entstand 1872–1882 das Pfarrhaus in der Skólabraut.

### Info

• **Tourist Information**
Leuchtturm, Breiðin | Akranes
Tel. 894 2500
info@visitakranes.is
Di–Sa 11–17 Uhr

### Hotel

**Hótel Glymur** €€€
Schon die Lage mit Blick über den Hval-fjörður lohnt den Aufenthalt. Auch die geschmackvollen Zimmer und Aufenthaltsräume, z. B. eine Bibliothek, verlocken dazu, hier länger als eine Nacht zu bleiben. Sehr gutes Restaurant.
• An der Nordseite des Hvalfjörður nahe der Straße 47 | Tel. 430 3100
www.hotelglymur.is

## Borgarnes 2 [C4]

Die lebendige Stadt (1900 Einw.) am Borgarfjörður fand Erwähnung in der »Egils saga«, deshalb sind viele Straßen nach Personen aus dieser Erzählung benannt. Digranes heißt der Ort in der Saga, die das Leben des Skalden-Dichters Egil Skalla-grímsson beschrieb, der 900 auf dem Hof Borg bei Borgarnes geboren wurde. **50 Dinge** (22) › **S. 14**. Im Park **Skallagrímsgarður** ragt ein Grabhügel auf – hier wurde Egils Vater nach Wikingerart in voller Rüstung mit seinem Pferd beigesetzt. **Landnáms-setur** (Besiedlungszentrum) heißt das sehr informative und gut gestaltete Museum mit Ausstellungen zur Besiedlung und der Egils saga (Brákarbraut 13–15, Tel. 437 1600, tgl. 10–21 Uhr, www.landnam.is).

Im Hafen von Stykkishólmur

## Info

**Tourist Information**

• Borgarbraut 58–60 | Borgarnes
Tel. 437 2214 | www.west.is
Mo–Fr 9–17, Juni–Aug. auch Sa 10 bis
16 und So 12–16, Uhr

## Unterkunft

**Borgarnes B & B** €€
Wunderschöne Villa direkt am Meer und
doch zentral. Geschmackvoll ausgestattet, Frühstück wird angeboten.

• Skúlagata 21 | Borgarnes
Tel. 434 1566 oder 842 5866
www.borgarnesbb.is

## Restaurants

**Restaurant Landnámssetur** €€
Vielfältiges Angebot mit überwiegend
isländischen Zutaten. Beliebt ist das
Mittagsbüffet mit Suppe, Salat und Brot.
Gemütliche Atmosphäre. Tgl. 10–21 Uhr

• Brákarbraut 13–15 | Borgarnes
Tel. 437 1600

**Hyrnan** €
Für jeden Hunger und fast zu jeder Zeit
kommt man als Fast-Food-Freund hier
auf seine Kosten. Tgl. 11–22 Uhr.

• Brúartorg | Borgarnes | Tel. 437 1282

# Reykholt 3 [C4]

Hier wohnte von etwa 1200 an Snorri Sturlurson, Verfasser der »Prosa-Edda« und der »Heimskringla«, der Geschichte der norwegischen Könige. Gleich zweimal hatte er das damals wichtigste Staatsamt des Gesetzessprechers auf dem Alþing in Þingvellir inne. Gefolgsleute des norwegischen Königs ermordeten Snorri 1241. Über Snorri und sein

Werk informiert das Museum **Snorrastofa** › Info unten. Berühmt ist auch sein von Steinen eingefasster Badeplatz, der **Snorralaug**. Im Juli findet in der charmanten **Kirche** von Reykholt ein Klassik-Musikfestival statt (www.reykholtshatid.is).

## Info

**Tourist Info & Museum Snorrastofa**

• Reykholt | Tel. 433 8000
www.snorrastofa.is
Im Sommer tgl. 10–18, im Winter
Mo–Fr 10–17 Uhr

## Unterkunft

**Nes í Reykholtsdal** €€
Gästehaus mit einfachen Zimmern in
einem alten Hof von 1937, 2 km westl.
von Reykholt. Golfplatz und Restaurant.

• Reykholsdalur
Tel. 435 1472 oder 893 3889
http://nesreykholt.is

# Hraunfossar 4 ⭐ [C4]

Zu den schönsten Wasserfällen Islands gehören die Hraunfossar an der Straße 518 › S. 131. Im September, wenn die Vegetation in den Herbstfarben leuchtet, sind die Kaskaden am reizvollsten. Daneben ergießt sich der mehrstufige **Barnafoss**. Sein Name »Kinderwasserfall« bezieht sich auf einen Vorfall vor langer Zeit, bei dem zwei Jungen hier ertrunken sein sollen.

# Húsafell 5 [C4]

In diesem Erholungsort, in dem viele Reykjavíker ein Wochenendhäuschen besitzen, wartet ein besonderes Abenteuer: die Expedition zu den **Lavahöhlen** Surtshellir, Stefánshellir und Viðgelmir. Die zwischen 1,6 und 1,9 km langen und 5 bis 10 m hohen Kavernen entstanden, als ein rasch fließender Lavastrom eine erkaltende Hülle zurückließ, unter der sich das flüssige Erdinnere weiter bewegte. Ganzjährig kann man Höhlenbesichtigungen buchen unter www.thecave.is.

### Info

**Húsafell Tourist Info**
Reitausflüge und Tourenangebote; auch Vermietung von Ferienhäusern, Schlafsackunterkünften und Campingplätzen.

• Húsafell | Tel. 435 1550
www.husafell.is

### Hotel

**Hotel Húsafell** €€€
Das gemütliche,  architektonisch gut designte Hotel liegt im Grünen. In allen Zimmern hängen Arbeiten des örtlichen Künstlers Páll Guðmundsson.

• Ásendi 12 | Húsafell | Tel. 435 1551
http://hotelhusafell.is

# Halbinsel Snæfellsnes ⭐ [A4–B3/4]

Dank ihrer Vielfalt auf engem Raum zählt Snæfellsnes zu den schönsten Landschaften Islands mit verwunschenen Lavahöhlen und heißen Quellen, Vogelkolonien, goldfarbenen Sandstränden, rostroten oder ockergelben Rhyolithfelsen. Der südliche und westliche Teil, das Snæfellsbær, hat nur rund 1700 Einwohner.

Die Hraunfossar im Reykholtsdalur

## Snæfellsjökull-Nationalpark ⭐ 6 [A4]

Hauptanziehungspunkt der Halbinsel ist der Nationalpark mit dem Gletscher **Snæfellsjökull**, zugleich einer der schönsten Vulkane des Landes. Man sagt dem Berg und seiner Umgebung energetische Kräfte nach › Seitenblick S. 83.

Nicht weniger reizvoll ist die Westküste mit Stränden, an denen man Zeugnisse vergangener Tage findet, als hier intensiv Fischerei betrieben wurde. Der Leuchtturm von **Malarrif** markiert den südlichsten Punkt der Halbinsel, recht nahe im Osten liegen die Vogelfelsen von **Þúfubjörg** mit Möwen- und Lummen-Kolonien. Im nördlichen Teil des Nationalparks führt die Straße durch das Lavafeld Neshraun.

### Info

**Besucherzentrum**
Das Zentrum mit einem Café liegt bei Mallarrif. Auch Ausstellungen.

• Hellnar | Tel. 436 6860 | www.ust.is
Juni–Sept. tgl. 10–17, Okt.–Mai Mo bis Fr 11–16 Uhr

Der 1446 m hohe Snæfellsjökull bietet einen majestätischen Anblick

## Hellissandur 7 [A4]

Hellissandur war um 1700 ein bedeutender Handelsplatz; einige Exponate in dem liebevoll gestalteten **Fischereimuseum** zeugen davon (Tel. 436 6619, im Sommer Di–So 9.30 bis 18 Uhr). Heute ist der kleine Ort ein ideales Standquartier für die Erkundung des Nationalparks.

### Unterkunft

**The Freezer Hostel €**
Nicht nur ein fantasievoll und originell ausgestattetes Hostel, sondern auch ein Kulturzentrum und vor allem der Garant, Leute aus der Region zu treffen.
• Hafnargata 16 | Ríf | Tel. 865 9432 www.thefreezerhostel.com

## Arnarstapi 8 [B4]

Am Hafen der Siedlung »Adlerfelsen« hat das Meer die malerischen, fast senkrecht abfallenden und mehr als 20 m hohen Klippen zu bizarren Figuren geformt. Die fast 6 m hohe Lavastein-Skulptur *Bárður Snæfellsás* von Ragnar Kjartansson erinnert an den sagenhaften Riesen Bárður Snæfellsás.

Ab Arnarstapi werden Fahrten mit der Schneekatze auf den Snæfellsjökull angeboten – während der hellen Nächte im Juni erlebt man den kurzen Sonnenuntergang bei einer Mitternachtsfahrt (Snaefellsjökull Glacier Tours, Tel. 663 3371, 783 2820, www.theglacier.is).

Sehenswert ist auch die **Sönghellir**, erreichbar mit Allradwagen über die Piste Jökulsháls (570, › S. 83). Die »Gesangshöhle« überrascht mit einer hervorragenden Akustik sowie mit in den Fels geritzten Figuren und Buchstaben aus den vergangenen 500 Jahren. Die einstige Wasserhöhle Baðstofa am Weiler **Hellnar** ist leider bis auf einen Basaltbogen eingestürzt.

## Hotel

**Gästehaus Gíslabær** €

Einfaches Haus in Panoramalage, mit Schlafsackunterkünften.

• südwestlich in Hellnar
  Tel. 435 6886 oder 867 7903
  gisting@simnet.is

## Restaurant

**Café Fjöruhúsið** €

Nette Adresse für Snacks und Kuchen. Im Sommer tgl. 11–22 Uhr.

• Arnarstapi | Tel. 435 6844

## Snæfellsjökull-Piste 570 [B4]

Mit einem Allradfahrzeug kann man ca. 1 km nördlich von Arnarstapi die Piste 570 (*Kýrskarðvegur zum Jökulsháls*) nach Ólafsvík › S. 84 befahren, die bis dicht an den Gletscherrand auf eine Höhe von fast 700 m führt. An klaren Tagen bieten sich tolle Ausblicke über die Halbinsel, den Breiðarfjörður und zum Vogelfelsen Látrabjarg an den Westfjorden.

## Búðir 9 [B4]

Der Strand von Búðir, einst einer der schönsten Islands mit warmem, rotgelbem Muschelsand, hat leider etwas unter Abtragung durch Stürme gelitten.

Erlebenswert ist das Lavafeld Búðahraun wegen der rund 40 m langen, bizarr aufgewölbten Lavahöhle Búðahellir und wegen seltener Pflanzen, darunter bis zu 3 m große Farne.

## Hotel

**Hotel Búðir** €€€

Das einem alten Hof nachempfundene Hotel bietet 28 geschmackvoll gestaltete Zimmer und ein berühmtes Fein-

SEITENBLICK

### Der Snæfellsjökull – ein Zauberberg?

Esoteriker vermuten in ihm eines der wichtigsten der sieben Kräftezentren (Chakren) der Erde, an dem sich viele Energiebahnen treffen. Schon in den Sagas wurde geschrieben, dass alle, die den Berg einmal gesehen haben, wieder zu ihm zurückkehren. Jules Vernes Helden reisen durch den Krater des »Sneffels Yocul« zum Mittelpunkt der Erde, und in gleich zwei Romanen von Halldór Laxness, »Am Gletscher« und »Weltlicht«, ist der Berg Schauplatz. Viele Bewohner der Snæfellsnes-Halbinsel glauben, dass auf seinem Gipfel mehrere Hundert Meter hohe Lichtgestalten wohnen.

Ist der Snæfellsjökull also ein magischer Berg? Klar ist: Nicht von ungefähr wurde ein 167 km² großes Gebiet rund um den Gletscher im Juni 2001 zum Nationalpark erklärt. Natürlich geht es dabei um schützenswerte Flora und Fauna. Doch auch der Berg selbst zieht jeden in seinen Bann – und dies liegt, wie vor allem rational denkende Psychologen betonen, insbesondere an der ausgewogenen, harmonischen und zugleich faszinierenden Kegelform, die dem Snæfellsjökull eine besondere Ausstrahlung gibt. Dass viele Reisende vom Snæfellsjökull begeistert sind, hat also nichts mit Magie zu tun – sondern mit der Schönheit des Berges.

schmeckerrestaurant. Es gibt viele, die
es lieben.
• Búðir | Tel. 435 6700 | www.budir.is

# Ólafsvík 10 [B4]

Schon im 17. Jh., als die Dänen über
Island herrschten, befand sich hier,
wo heute ca. 1000 Menschen wohnen, ein Handelsstützpunkt. Aus
der Mitte des 19. Jhs. hat sich das
historische Packhaus erhalten, das
ein sehenswertes **Heimatmuseum**
sowie die Touristen-Info birgt. Zudem wartet Ólafsvík mit Schwimmbad und Golfplatz auf.

> **! Erst-
> klassig**
>
> ## Gratis entdecken
> ..........................................................
> • In Reykjavík gibt es zwei sehr in-
>   teressante **Skulpturengärten**
>   mit Werken von Ásmundur
>   Sveinsson und von Einar Jónsson.
>   Viele weitere Arbeiten der beiden
>   wichtigen Künstler sind im gan-
>   zen Land vertreten. › S. 60
> • Die Aussichtsterrasse von **Perlan**
>   › S. 61 steht ganzjährig und v. a.
>   auch abends zur Verfügung. Bei
>   schönen Wetter blickt man bis
>   zum Snæfellsjökull.
> • **Busrundfahrt** – gut, man muss
>   die Reykjavík-Card › S. 62 dafür
>   kaufen, doch dann kann man
>   quasi gratis erkunden, wie groß
>   die Stadt ist, und vor allem auch
>   die Peripherie kennenlernen.
> • Kostenlos zugänglich sind auch
>   die wunderschönen **Botani-
>   schen Gärten** in Reykjavík
>   › S. 60 und in Akureyri › S. 97.

## Info

**Tourist Info**
• Kirjutún 2 | Ólafsvík | Tel. 436 6929
  Im Sommer tgl. 9–19 Uhr

## Unterkunft

**Gästehaus Við Hafið** €€
Einfache Zimmer im Hostelstil, Gemein-
schaftsbäder und -küche. Freundliche
und hilfsbereite Mitarbeiter. Kleines
Frühstück.
• Ólafsbraut 55 | Ólafsvík | Tel. 436 1166

# Bjarnarhöfn 11 [B4]

Hier steht eine der ältesten Holzkir-
chen Islands (1856) mit einem sehr
schönen Altargemälde. Auf dem
Bauernhof, der Ursprung der Siedlung war, kann man nachvollziehen,
wie *hákarl* produziert wird, fermentierter Haifisch, der früher zur Gä-
rung in Erde eingegraben wurde
(Tel. 438 1581, www.bjarnarhofn.is).
**50 Dinge** ⑬ › S. 13.

# Stykkishólmur 12 [B3]

Südlich des Fährhafens zu den
Westfjorden erhebt sich der 73 m
hohe heilige Berg **Helgafell,** den der
frühe Siedler Þórólfur Mostrarskegg
als Platz für einen Thor-Tempel gewählt hatte. Eine Legende besagt,
man müsse den Berg besteigen,
ohne nach links oder rechts zu sehen, sich dann schweigend gegen
Osten neigen und seine Wünsche so
vortragen, dass sie niemand sonst
hört – dann gehen sie in Erfüllung.

Sehenswert in dem hübschen Ort
selbst (1100 Einw.) ist das 1828 gebaute Norwegische Haus, das heute
ein **Regionalmuseum** beheimatet.
Vor allem das Leben im 19. Jh. wird

hier dargestellt (Hafnargata 5, Mitte Mai–Aug. tgl. 11–18 Uhr, www.norskahusid.is).

Ein Erlebnis ist das **Vulkanmuseum** mit vielen Exponaten zu Vulkanen (Aðalgata 8, www.eldfjallasafn.is, Mai–Sept. tgl. 11–17 Uhr).

### Info
**Tourist Information**
• Entweder über das Internet: www.west.is oder **Seatours** Smiðjustígur 3 | Tel. 433 2254

### Verkehr
Von Stykkishólmur nach Brjánslækur tgl. um 9 und um 15.45 Uhr mit der Autofähre »Baldur« (Fahrzeit ca. 2,5 Std.), Reservierungen unter Tel. 433 2254 oder im **Fährbüro Baldur**, Smiðjustígur 3 am Hafen, www.seatours.is.

### Unterkünfte
**Heimagisting Ölmu €€**
Englischsprachiger Familienanschluss im B & B.
• Sundabakki 12
  Stykkishólmur
  Tel. 438 1435

**Stykkishólmur Camping Ground**
Gepflegter Campingplatz mit naher Einkaufsmöglichkeit.
• Aðalgata 29 | Stykkishólmur
  Tel. 438 1075

### Restaurant
**Plássið €€–€€€**
Auch unter der neuen Leitung genießt man hier Fischgerichte sowie leckere Hamburger. Tgl. 12–21 Uhr.
• Frúarstígur 1 | Stykkishólmur
  Tel. 436 1600

## Eiríksstaðir  [C3]
Im Tal Haukadalur an der Straße Nr. 586 stand einst der Hof von Erik dem Roten. In einem nachgebauten Torfhaus mit Grassodendach wird die Geschichte des Wikingers und seines Sohnes Leifur Eiríksson spannend dargestellt › **S. 29**.

Leifur Eiríksson, der als Entdecker Nordamerikas gilt, wurde im 10. Jh. in diesem Tal geboren. Neben dem Hof werden in einem Wikingerzelt Erfrischungen und Souvenirs verkauft (im Sommer tgl. 9–18 Uhr, www.leif.is).

# Westfjorde

## Flatey [B3]
Das Inselchen, das man auf der Fährfahrt durch den **Breiðafjörður** als Zwischenstopp besuchen kann, wirkt mit seinen alten, bunten Häusern aus dem 19. Jh., als sei hier die Zeit stehen geblieben. Gerne wird der Ort auch als Filmlocation gewählt. Die schöne Wanderung einmal rundherum dauert nur 2 Std. Autos dürfen nicht auf die Insel!

### Hotel
**Hótel Flatey €€€**
Charmantes Hotel mit schönem Ausblick über Insel und Atlantik, mit Restaurant. Nur Juni–Anfang Sept.
• im Dorfzentrum von Flatey
  Tel. 555 7788 | www.hotelflatey.is

## Brjánslækur [14] [B3]
Nahe dem Fährhafen liegen die Ruinen von **Flókatóttir**, angeblich die Ruinen der ersten Unterkunft von Flóki Vílgerðarson › **S. 38**.

### Hotel

**Flókalundur** €€€

Schön gelegenes Hotel im Bungalowstil, Campingplatz in der Nähe. Geöffnet 10. Mai–20. Sept.
• 6 km nördlich von Brjánslækur
  Tel. 456 2011 | www.flokalundur.is

## Patreksfjörður 15 [A3]

Eigentlich besteht der Ort (680 Einw.) aus zwei Gemeinden, die sich auf die beiden Halbinseln Vatnseyri und Geirseyri verteilen und bis zum Ende des 19. Jhs. nicht nur getrennt waren, sondern auch die Namen der beiden Halbinseln trugen. Man vereinte die Dörfer zu einer Gemeinde und benannte sie, in Anlehnung an die ersten irisch-keltischen Siedler, nach dem irischen Nationalheiligen St. Patrick.

### Hotel

**Stekkaból** €

Beliebtes Gästehaus, mit 21 Zimmern eines der größeren am Ort; Gelegenheit zum Kochen und Wäschewaschen.
• Stekkar 19 und 21 | Patreksfjörður
  Tel. 864 9675

### Restaurant

**Þordið** €

Großes Restaurant und Pub. Gute Fisch- und Fleischgerichte; auch Fast Food.
• Aðalstræti 73 | Patreksfjörður
  Tel. 456 1295
  So–Do 11–23, Fr/Sa 11–3 Uhr

## Hnjótur 16

Hier lohnt das nette kleine Privatmuseum **Minjasafn Egils Ólafssonar** › S. 29 mit Sammlungen zum Fischfang, zur Schiff- und sogar zur Luft-

fahrt einen Besuch (Tel. 456 1511, im Sommer tgl. 10–18 Uhr).

## Látrabjarg 17 ⭐ [A3]

Der westlichste Punkt Europas ist zugleich einer der schönsten und spektakulärsten Vogelfelsen Islands. Bis zu 450 m stürzen die harschen Klippen hier in die Tiefe; die Küstenlinie ist mehr als 14 km lang. Die größte Tordalkenkolonie der Welt hat sich hier eingenistet; schätzungsweise 5 Mio. Trottellummen bewohnen den Felsen, zudem Hunderttausende von Papageitauchern und Möwen aller Gattungen. Ein schrilles Konzert der Vogelstimmen verfolgt Besucher auf Schritt und Tritt – ein Highlight ganz sicher nicht nur für Hobby-Ornithologen.

### Hotel

**Breiðavík** €–€€€

Gut ausgestattetes Gästehaus mit Hotelzimmern, Schlafsackunterkünften und Zeltplatz nahe eines schönen Strandes.
• Tel. 456 1575 | www.breidavik.is

## Bíldudalur 18 [B2]

In dem hübsch gelegenen Örtchen (200 Einw.) gibt es noch einige schöne Handelshäuser aus dem 18. und 19. Jh. zu sehen – von diesem einst quirligen Handelsstützpunkt lief das allererste Dampfschiff Islands aus.

## Dynjandi 19 ⭐ [B2]

Schon die Anfahrt über die Hochebene **Dynjandisheiði** ist ein Erlebnis, doch dann erst recht der Anblick des höchsten und größten Wasserfalls der Westfjorde. »Der

Donnernde« ist ein treffender Name für die 186 m tief fallenden Wassermassen, die sich wunderschön fächerförmig ausbreiten.

## Hrafnseyri 20 [B2]

Der Ort am Arnarfjördur, Geburtsplatz des Unabhängigkeitskämpfers Jón Sigurdsson, ist heute eine Gedenkstätte mit einer schönen Landkirche und einem Giebelhaus (Tel. 456 8260, Ausstellung Juni–8. Sept. tgl. 11–18 Uhr, www.hrafnseyri.is).

## Ísafjörður 21 [B2]

Einer der besten Naturhäfen ganz Islands ließ die lebendige Stadt (2600 Einw.) zum Versorgungs- und Verwaltungszentrum für die gesamte Westfjord-Region aufsteigen.

Schon 1569 kamen die ersten Kaufleute hierher; geblieben ist aus dieser Zeit der gut erhaltene historische Stadtkern. Das älteste Haus Islands, *Tjöruhús,* stammt aus dem Jahr 1734. Gemeinsam mit dem angrenzenden *Krambuð,* einem ehemaligen Laden von 1761, sowie dem

Papageitaucher am Látrabjarg

1744 erbauten *Turnhús* steht es inzwischen unter Denkmalschutz.

Das in der Häusergruppe untergebrachte **Schifffahrts- und Fischereimuseum** der Westfjorde, *Neðstikaupstaður,* dokumentiert auf beeindruckende Weise die harten Arbeits- und Lebensbedingungen der Fischer und präsentiert eine Akkordeon-Sammlung (Suðurtangi 1, Tel. 456 3291, Mitte Mai–Mitte Sept. tgl. 9–18 Uhr, www.nedsti.is).

SEITENBLICK

### Vogelkolonien von oben nach unten

Selbst Unkundigen wird am Látrabjarg auffallen, dass Möwen oder Papageitaucher ihre Nester in ganz bestimmten Höhen angelegt haben und die Reviere der jeweils anderen Arten respektvoll meiden. In der Tat ist ein solcher Vogelfelsen nicht wahllos, sondern nach einer festen Ordnung aufgebaut. So benötigen Mantel- und Silbermöwen zum Brüten grasbedeckte Hochflächen, weswegen sie in der obersten Etage nisten. Papageitaucher graben dagegen lange Bruthöhlen in die Erde – das ideale Gelände finden sie ein Stockwerk unter den Möwen. Es folgen die Eissturmvögel, die Tordalken und Trottellummen – vor allem die beiden Letztgenannten können beim Landeanflug schlecht manövrieren und sind so auf breite Felsvorsprünge angewiesen. Ganz unten logieren die Dreizehenmöwen und die Gryllteisten, die es so nicht weit zu den Fischgründen im Meer haben.

Im Hochtemperaturgebiet Seltún auf der Halbinsel Reykjanes

## Info

**Tourist Information**
- Aðalsstræti 7 | Ísafjörður
  Tel. 450 8060
  www.westfjords.is | www.isafjordur.is
  Juni–Mitte Sept. Mo–Fr 8–18, Sa/So
  10–14, sonst Mo–Fr 8–16 Uhr

## Verkehr

- **Flughafen Ísafjörður:** Erreichbar ab Stadtmitte mit dem Bus. Täglich Linienflüge nach Reykjavík (Air Iceland, Tel. 456 3000, www.airiceland.is).
- Wer in das Trekkinggebiet Hornstrandir › **rechts** reisen möchte, muss sich in der Touristeninformation oder bei **Sjóferðir,** Tel. 456 3879, www.sjoferdir.is, nach den Schiffsverbindungen erkundigen.

## Hotel

**Gistiheimili Áslaugar** €€–€€€
Gästehaus mit Tradition: Seit 1889 nächtigen hier Besucher. Eine kleine Fotoausstellung zeigt das Leben zwischen 1900 und 1940.

- Austurvegur 7 | Ísafjörður
  Tel. 899 0742
  gistias@snerpa.is

## Restaurants

**Við Pollinn** €€–€€€
Recht gute Fischküche und Lammgerichte. Tgl. mittags ab 11.30, abends ab 18.30 Uhr.
- im Hótel Ísafjörður | Silfurtorg 2
  Tel. 456 3360
  www.hotelisafjordur.is

**Tjöruhúsið** €€–€€€
Spezialität des Hauses ist **!** sein ausgezeichnetes Fischbüfett. Man sitzt an langen Tischen in dem alten, urigen Haus.
- Neðstikaupstaður (Museum)
  Tel 456 4419 | Juli–Aug. tgl. 11–22 Uhr
  Ansonsten auch für Gruppen

## Ausflug nach Bolungarvík 22 [B2]

Den Alltag der Fischer an den Westfjorden bis zum Beginn des 20. Jhs. kann man im netten **Ósvör-Museum** in Bolungarvík kennenlernen, eine nachgebaute Fangstation mit Lagerhaus, Fischerhütten und Trockengestellen (Tel. 892 5744 oder 456 7005, www.osvor.is, Juni–16. Aug. Mo–Fr 9–17, Sa/So 10–17 Uhr sind auch Führungen möglich).

## Hornstrandir 23 [B1–C2]

Ísafjörður ist Ausgangspunkt für Trekkingtouren in die ausgedehnte Wildnis von Hornstrandir, die unbewohnte subpolare Landschaft der nördlichen Westfjorde. Das 580 km² große Hornstrandir ist seit 1975 Naturschutzgebiet. Ein besonders attraktives Ziel ist **Hornbjarg** mit den beeindruckenden Vogelfelsen. Hornstrandir ist bei Wanderern ganzjährig beliebt, da auch gute Langlaufstrecken vorhanden sind.

Auch wer nicht wandern möchte, muss auf das Erlebnis Hornstrandir nicht verzichten. Eine Bootstour inklusive eines sechsstündigen Aufenthalts bei Hornbjarg vermittelt einen guten Eindruck von der Region (Fahrten über Sjóferðir › **S. 88**). Man kann die Vögel in den steilen, 400–500 m hohen Klippen beobachten, und nicht selten trifft man hier auch auf Füchse.

## Fjorde südöstlich von Ísafjörður [B2]

Sechs lange Fjorde werden von einer kurvenreichen Straße erschlossen, die an der ehemaligen Walfangstation **Súðavík** vorbeiführt und teils herrliche Ausblicke auf den großen **Ísafjarðardjúp** und auf die noch bewohnte Insel **Ædey** bietet: Ædey ist berühmt für seine Kolonie von Eiderenten, die hier vor Füchsen sicher sind.

## Reykjanes 24 [B2]

Das Ferienzentrum Reykjanes liegt auf der gleichnamigen Landzunge. Dort kann man sich im 50 m langen, geothermisch beheizten Schwimmbad erfrischen oder zu einer kleinen Wanderung in die Umgebung aufbrechen.

### Hotel

**Reykjanes** €€

Schlichtes Hotel, das auch Unterbringung in der Schule des Ortes anbietet. Landschulheimatmosphäre. Gutes Restaurant.

- Straße 634 | Tel. 456 4844
  www.rnes.is

## Hólmavík 25 [C2]

Die Hexenverfolgung in Island im 17. Jh. wütete vor allem in den Westfjorden. Die meisten Getöteten waren Männer.

Kein Wunder, dass Hólmavík (340 Einw.) Sitz des einzigen **Hexenmuseums** Islands ist. Es versammelt Totenschädel und allerlei magische Utensilien und Mittelchen und gibt Aufschluss über verfolgte Familien und auch über die Verfolger. Zum Museum gehört ein kleines Restaurant (*Galdraðning á Ströndum*, Höfðagata 8–10, tgl. 9–18 Uhr, Tel. 451 3525, www.galdrasyning.is).

### Info

**Tourist Information**
- Museum | Höfðagata 8
  Hólmavík | Tel. 451 3111
  http://touristinfo.webnode.com
  Im Sommer tgl. 9–18 Uhr

### Hotel

**Steinhúsið** €

Das älteste Steinhaus des Ortes, erbaut 1911, ist heute ein gemütliches Gästehaus mit einfachen Zimmern und auch Apartments.
- Höfðagata 1 | Hólmavík
  Tel. 856 1911 | www.steinhusid.is

### Restaurant

**Café Riis** €–€€

Snacks und leckerer Milchkaffee, Treffpunkt nahe dem Hexenmuseum in einem alten Holzhaus. Tgl. ab 11.30 Uhr.
- Hafnarbraut 39 | Hólmavík
  Tel. 451 3567 | www.caferiis.is

# AKUREYRI UND DER NORDEN

## Kleine Inspiration

- **Im Restaurant Strikið in Akureyri** zu Abend essen mit wunderbarem Blick von der Terrasse › S. 98
- **In der Mitternachtssonne** über die Pseudokrater am Mývatn spazieren gehen › S. 101
- **Sich nass spritzen lassen** beim Besuch des beeindruckenden Wasserfalls Dettifoss › S. 104
- **Durch Hólar bummeln** auf den Spuren der Geschichte des Orts › S. 107
- **Die Robben** an der Küste von Vatnsnes – wer beobachtet hier eigentlich wen? › S. 110

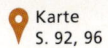

Reykjavík

**Bekannteste Attraktion im Norden sind die faszinie-
renden Lavalandschaften rund um den See Mývatn.
Als Hauptstadt des Inselnordens bietet auch Akureyri
einige interessante Sehenswürdigkeiten.**

Grüne Hügel und lang gezogene Fjorde, die schneebedeckte Berge umrahmen, aber auch fruchtbare Ebenen, darin eingestreut wie Farbkleckse Gehöfte oder Siedlungen – all das ist der Norden Islands. Dazu zählen auch die beeindruckende Lavawelt am Mývatn und Wasserfälle wie der Dettifoss. Die Hauptstadt des Nordens ist Akureyri, das sich selbstbewusst »Perle des Nordens« nennt. Interessant ist auch das historische Erbe, sei es in Siglufjörður, wo Islands Heringsboom seinen Anfang nahm, oder in Hólar, dem früheren zweiten Bischofssitz.

# Touren in der Region

**Tour 7**

## Rund um die Vatsnes-Halbinsel

**Route: Hvammstangi › Hvítser-
kur › Borgarvirki › Þingeyrar ›
Blönduós**

**Karte: Seite 92**
**Dauer: 1 Tag**
**Praktische Hinweise:**
• Verpflegung bekommt man nur in
den Orten. Für die Tour braucht
man einen Pkw.

### Tour-Start:
Diese Region zählt zu den grünen Landstrichen Islands mit großflächigen Weiden, Moorlandschaften und einer reizvollen Küste, die

Hvítserkur-Vogelfelsen, Halbinsel Vatnsnes

gute Möglichkeiten zur Beobachtung von Vögeln und Robben bietet. In **Hvammstangi** **17** › S. 110 kann man sich über die Bedeutung der Robben für die Wirtschaft in früheren Zeiten informieren; entlang der Westküste der Halbinsel Vatsnes gibt es einige gute Beobachtungsstellen.

Die Fahrt geht entlang der Straße 711 vorbei an markanten Basaltbergen. An der Ostseite fährt man am Rest eines Zentralvulkans vorbei: Die bizarre Basaltformation **Hvítserkur** › S. 110 ist ein bei Vögeln äußerst beliebter Felsen.

**Borgarvirki,** ein natürlicher Basaltring mit 3–5 m hohen Säulen, ist von der Straße aus gut zu erkennen. Von hier aus überblickt man das Haff Vesturhóp.

Nach rund 80 km auf der Halbinsel-Straße gelangt man wieder auf die Ringstraße. Unübersehbar ragt in östlicher Richtung eine große Steinkirche auf, die man über die Nr. 721 erreicht. Die Kirche von **Þingeyrar [D3]** wurde im 19. Jh. gebaut, davor befand sich hier zunächst ein Thingplatz und im 12. Jh. ein Kloster. Sehr schön ist der Innenraum mit seinem Sternenhimmel (Juni–Aug. tgl. 10–17 Uhr).

Zurück auf der Ringstraße sind es dann noch rund 20 km bis **Blönduós 16** › S. 110.

**Karte:** Seite 92
**Dauer:** mindestens 3 Tage
**Praktische Hinweise:**
• Am einfachsten lässt sich diese Tour mit dem Pkw gestalten.
• Bei guter Planung ist sie jedoch auch mit dem Bus machbar: Es gibt einige Verbindungen, z. B. zwischen Varmahlíð und Sauðárkrókur oder von dort nach Siglufjörður.

**Tour 8**

# Vom Skagafjörður nach Akureyri

**Route: Blönduós** › **Glaumbær** › **Sauðárkrókur** › **Hólar** › **Hofsós** › **Siglufjörður** › **Ólafsfjörður** › **Dalvík** › **Akureyri**

**Tour-Start:**

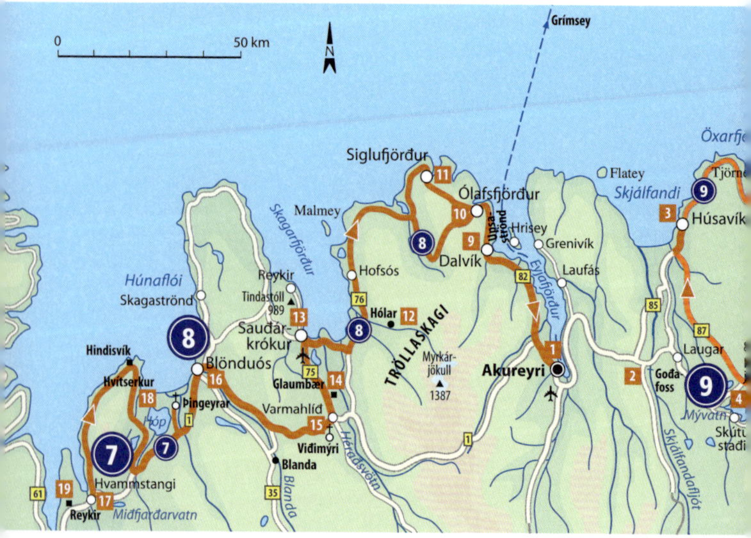

Der besondere Reiz an dieser Fahrt sind – neben den großen Fjorden Skagafjörður und Eyjafjörður sowie der Berglandschaft von Tröllaskagi dazwischen – die zahlreichen historischen Stätten. Schon die erste Station etwa 55 km hinter **Blönduós 16** › S. 110, der alte Hof **Glaumbær 14** › S. 109 (heute **Museum**), hat eine

lange Tradition. Im Mittelalter stand hier schon ein Langhaus, und um das Jahr 1000 lebte hier die wohl bedeutendste Frau der damaligen Zeit, Guðríður Þorbjarnardóttir. Eine kleine Skulptur erinnert an sie. Den Hof erreicht man nach 8 km über die Nr. 75.

**Sauðárkrókur** 13 › S. 108 lohnt wegen seiner zahlreichen alten Häuser aus dem 19. Jh. einen Stopp; damals lag hier ein wichtiger Hafen. Weiter geht es auf der Straße Nr. 75 in Richtung Osten, dann nach Norden auf der Nr. 76 bis zum Abzweig Nr. 767, der zum ehemaligen Bischofssitz **Hólar** 12 › S. 107 führt. Hier kann man übernachten, die Kirche oder das Aquarium besichtigen und die Umgebung erkunden.

Zurück auf der Nr. 76 gelangt man nach rund 15 km nach **Hofsós** [D2], wo sich ein interessantes Mu-

seum über die isländischen Auswanderer im 19. Jh. befindet. Immerhin 16 000 Isländer machten sich in die neue Welt auf, in der Hoffnung, dort ein besseres Leben zu finden.

Ca. 60 km fährt man nun entlang der Küste, und je weiter man nach Norden gelangt, umso dramatischer wird die Landschaft und umso enger schmiegt sich die Straße an die steilen Bergwände, bis sie schließlich durch einen Tunnel führt. Der Anblick des von den steil aufragenden Bergen umgebenen **Siglufjörður** 11 › S. 106 ist beeindruckend; der Ort lohnt einen ausgiebigen Stopp. Weiter geht es zunächst wieder die Nr. 76 zurück bis zu dem Abzweig Nr. 82. Auch wenn die kürzere Strecke zwischen Siglufjörður und Ólafsfjörður durch zwei Tunnel führt, so ist diese 38 km lange Fahrt über den 400 m

**Touren im Norden**

**Tour** 7

Rund um die Vatsnes-Halbinsel  Hvammstangi › Hvítserkur › Borgarvirki › Þingeyrar › Blönduós

**Tour** 8

Vom Skagafjörður nach Akureyri  Blönduós › Glaumbær › Sauðárkrókur › Hólar › Hofsós › Siglufjörður › Ólafsfjörður › Dalvík › Akureyri

**Tour** 9

Wale und Wasserfälle  Mývatn › Húsavík › Tjörnes › Ásbyrgi › Dettifoss › Mývatn hohen Bergpass doch ausgesprochen reizvoll. **Ólafsfjörður** 10 › S. 105 hat ein gutes Naturkundemuseum.

Am nächsten Tag verläuft die Tour auf der Straße 82 die **Steilküste Upsaströnd** entlang, vorbei an verlassenen Bauernhöfen. Unterwegs begeistern immer wieder die tollen Ausblicke auf den Eyjafjörður und die Insel Hrísey. In **Dalvík** 9 › S. 105 legt man einen weiteren Stopp ein, entweder für Besichtigungen, oder um die guten Krabben zu essen.

Fast den gesamten Eyjafjörður fährt man danach ab, bis man schließlich, die letzten Kilometer wieder auf der Ringstraße, **Akureyri** 1 › S. 95 erreicht. Der »Perle des Nordens« und ihrer Umgebung sollte man einige Tage widmen.

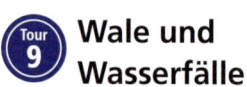

# Wale und Wasserfälle

Tour 9

**Route: Mývatn › Húsavík › Tjörnes › Ásbyrgi › Dettifoss › Mývatn**

**Karte:** Seite 92
**Dauer:** 1 Tag
**Praktische Hinweise:**
- Diese Tour lässt sich sowohl mit dem Pkw als auch per Bus machen (http://english.sba.is).
- Wer sehr früh losfährt, kann in Húsavík einen ca. dreistündigen Whalewatching-Ausflug in den Tag integrieren (mehrere Anbieter, erste Fahrten ab ca. 9 Uhr).
- Alternativ kann man auch in Húsavík übernachten und am nächsten Tag das Walmuseum besuchen.

## Tour-Start:

Die Straße Nr. 87 vom **Mývatn** 4 › S. 100 zur Bucht Skjálfandi führt durch ein landwirtschaftlich genutztes Gebiet, begünstigt durch die dort vorkommenden warmen Quellen. **Húsavík** 3 › S. 100, Islands Walhauptstadt mit Museum und Beobachtungsfahrten, ist ein Pflichtstopp. Von Húsavík fährt man auf der Straße Nr. 85 um die Halbinsel **Tjörnes**, in deren Sandsteinklippen Fossilien eingeschlossen sind.

Von **Ásbyrgi** 8 › S. 104 erstreckt sich der **Nationalpark Jökulsárgljúfur** › S. 104 nach Süden bis zum Dettifoss. Viele Geschichten ranken sich um die hufeisenförmige **Schlucht Ásbyrgi**, und heute bieten die bis zu 100 m aufragenden Steilwände einem kleinen Wald Schutz. (Von Ásbyrgi führt eine schöne Zweitageswanderung zum Dettifoss, durch den Canyon Jökulsárgljúfur.)

Auf der Straße Nr. 862 kommt man zur Westseite des 44 m hohen Wasserfalls **Dettifoss** 7 › S. 104, von wo aus man einen hervorragenden Blick auf das beeindruckende Naturschauspiel hat. Auch zu den anderen Wasserfällen der Umgebung gelang man von dort.

Weiter südlich stößt man wieder auf die Ringstraße, die einen zurück an den Mývatn bringt.

## Wichtige Adressen

- Den Norden vertritt **Northiceland**, Hafnarstræti 91, 600 Akureyri, Tel. 462 3300, www.northiceland.is/en
- Nordwestisland präsentiert sich – sogar deutschsprachig – auf der Website www.northwest.is

# Unterwegs im Norden

## Akureyri **1** [E3]

Nur 100 km trennen die quirlige Kleinstadt vom Polarkreis. Und dennoch scheint Akureyri begünstigt, denn im Schutz der umliegenden hohen Berge ist das Wetter vor allem im Sommer oft wärmer und auch freundlicher als in Reykjavík. Gute Einkaufsmöglichkeiten und viele Sehenswürdigkeiten machen die Stadt (18 000 Einw.) zu einem wichtigen Touristenzentrum an der Ringstraße, und die abwechslungsreiche Landschaft ringsum erhöht noch den Reiz. Oft ziert Schnee die bis zu 1400 m hohen Berge, und wenn die Sonne auf die malerischen Villen mit ihren baumreichen Gärten strahlt, versteht man, warum Akureyri »Perle des Nordens« heißt.

Schon im 9. Jh. erkannte Helgi der Magere die günstigen klimatischen Bedingungen am Eyjafjörður, der hier gute 50 km ins Land hineinreicht. Bald entwickelte sich die kleine Siedlung Kristnes, rund 10 km südlich der heutigen Stadt.

Der eigentliche Aufschwung kam um 1786, als die Dänen hier eine Handelsniederlassung gründeten. Der Handelsort erhielt 1787 die Stadtrechte, ab Ende des 19. Jhs. siedelten sich nach der Aufhebung der Handelsrestriktionen Industrie und Gewerbe an.

Seit 1987 gibt es eine erfolgreiche Universität, und noch vor Reykjavík erhielt die Stadt ein großes Konzert- und Kulturzentrum, **Hof,** direkt am Hafen gelegen.

## Akureyrarkirkja **A**

Die Innenstadt wird überragt von der doppeltürmigen, 1939/40 erbauten Stadtkirche auf einem Hügel, zu dem 112 Stufen hinaufführen. Die Fassade erinnert an die Hallgríms-

Beliebtes Café in der Innenstadt von Akureyri: das Bláa Kannan

kirche › **S. 59**, und in der Tat standen auch hier die Basaltsäulen der isländischen Landschaft Pate – Architekt Gudjón Samúelsson orientierte sich an der Schönheit der Natur. Die Kirchenfenster zeigen Szenen aus der isländischen Kirchengeschichte. Die Orgel wurde 1961 in Deutschland erbaut und später von einem dänischen Orgelbauer erweitert (Juni–Aug. Mo–Do 10–19, Fr 10 bis 16, So 16–19 Uhr, www.akirkja.is).

## Kaupvangsstræti

Diese interessante Straße bietet gute Adressen für Ausstellungen und

**Ⓐ** Akureyrarkirkja
**Ⓑ** Kaupvangsstræti
**Ⓒ** Botanischer Garten
**Ⓓ** Laxdalshús
**Ⓔ** Friðbjarnarhús
**Ⓕ** Nonnahús
**Ⓖ** Heimat- und Volkskundemuseum

*Eyjafjörður*

Akureyri

0    300 m

Kulturevents, so das **Ketilhús** und das **Kunstmuseum** (*Listasafnið*, Nr. 12, Juni–Aug. tgl. 10–17, sonst Di bis So 12–17 Uhr, www.listak.is).

## An der Aðalstræti

Eindrucksvoll ist die Zahl der Pflanzenarten in Akureyris **Botanischem Garten** : Hier finden sich mehr als 6000 v. a. arktische und alpine Spezies, darunter Sibirische Lärchen, Drehkiefern und Arktische Weideröschen, aber auch Schwertlilien oder Rosen (Juni bis Sept. Mo–Fr 8–22, Sa/So 9 bis 22 Uhr, Eintritt frei).

Das älteste Haus der Stadt, erbaut 1795, ist das **Laxdalshús** , Hafnarstræti 11. Das **Friðbjarnarhús** von 1856 war Gründungssitz des isländischen Guttemplerordens und beherbergt heute eine Ausstellung mit Spielzeug des 20. Jhs. (Juni–Aug. tgl. 13–17 Uhr, sonst Sa 14–16 Uhr, Tel. 863 4531).

Das Museum **Nonnahús** widmet sich Leben und Werk des 1944 in Köln gestorbenen Kinderbuchautors Jón Sveinsson (»Nonni und Manni«), der zwischen 1865 und 1870 in Akureyri lebte (Aðalstræti 54 b, Juni–Aug. tgl. 10–17 Uhr, sonst nach Vereinbarung, Tel. 462 3555, www.nonni.is).

Über die Geschichte des Eyjafjörður und der Stadt vor allem im 19. und 20. Jh. informiert das **Heimat- und Volkskundemuseum** (*Minjasafnið*) anhand von Fotografien, Alltagsobjekten und Nachbauten (Aðalstræti 58, Juni–Mitte Sept. tgl. 10–17, sonst 13–16 Uhr, www.minjasafnid.is).

## Info

### Tourist Info
- Kulturzentrum Hof | Strandgata 12 Tel. 450 1050 | www.visitakureyri.is Mitte Juni–Mitte Sept. tgl. 8–18.30, Mitte Sept.–April Mo–Fr 8–16, Mai bis Mitte Juni tgl. 8–16 Uhr

## Verkehr

- Der **Flughafen** liegt ca. 4 km südlich des Zentrums und ist mit dem Taxi erreichbar. In dem kleinen Gebäude befindet sich der Schalter des Autoverleihs Avis, gegenüber dem Gebäude jener von Hertz. Auskünfte über Flugpläne: Tel. 460 7000.
- **Bus:** SBA-Norðurleið, Hjalteyrargata 10, Tel. 550 0700, www.sba.is. Fernverbindungen von bzw. nach Reykjavík, Húsavík, Mývatn oder Egilsstaðir im Osten, quer durchs Hochland und zu weiteren Zielen (teils ganzjährig). An- und Abfahrtsstelle: Hafnarstræti 82. Die direkten Busse entlang der Ringstraße sowie nach Siglujörður oder Egilstaðir fahren vor dem Kulturzentrum Hof ab. Info: www.straeto.is. Tickets: Hof.

## Unterkünfte

### KEA €€€
4-Sterne-Hotel ist mit allem Komfort eines Business-Hotels ausgestattet. Moderne Ausstattung der Zimmer, Restaurants im Haus.
- Hafnarstræti 87–89 | Akureyri Tel. 460 2000 | www.keahotels.is

### Hótel Edda €€
Modern eingerichtete Zimmer, zentral gelegen. Einige Zimmer nur mit Bad.
- Þorunnarstræti 10 | Akureyri Tel. 444 4900 | www.hoteledda.is

**Akureyri Backpackers €–€€**
Toplage, idealer Ort um abzuhängen und
Leute zu treffen. Schlafplätze in Mehr-
bettzimmern, mit und ohne Schlafsack.

- Hafnarstræti 98 | Akureyri
  Tel. 578 3700
  www.akureyribackpackers.com

**Brekkusel €–€€**
Gästehaus mit Kochmöglichkeit, auch
Schlafsackplätze, ruhig, mit Garten.

- Byggðavegur 97 | Akureyri
  Tel. 895 1260
  www.brekkusel.is

**Þórunnarstræti Camping Ground**
(Tel. 462 3379) und
**Hamrar** (Tel. 461 2264)
Geöffnet Mitte Mai–Mitte Sept. Beide
Plätze werden gemeinsam verwaltet
und haben sehr gepflegte Sanitär-
anlagen.

- Akureyri | www.hamrar.is

## Restaurants
### Rub23 €€€
Beste Adresse der Stadt für Fisch, vor
allem für Sushi. Die Gerichte werden
nach Vorliebe gewürzt.

- Kaupvangsstræti 6 | Akureyri
  Tel. 462 2223
  www.rub23.is
  Mo–Fr 11.30–14, tgl. ab 17.30 Uhr

### 1862 Nordic Bistro €€–€€€
Das angenehme Ambiente ist verbunden
mit einem schönen Blick auf den Fjord,
im Sommer auch Terrassenbetrieb. Gute
Küche.

- Kulturzentrum Hof | Strandgata 12
  Akureyri | Tel. 466 1862
  http://1862.is
  Di–Do 11.30–18, Fr–Mo 11.30–21 Uhr

**Strikið €€–€€€**
Abwechslungs- und ideenreiche Küche,
besonders gute Fischgerichte. **50 Dinge**
⑫ › S. 13.

- Skipagata 14 | Akureyri
  Tel. 462 7100 | www.strikid.is
  Tgl. ab 11.30 Uhr

**Bautinn €–€€€**
Hier ist für jeden etwas dabei, von einfach bis sophisticated. Sehr beliebt.

- Hafnarstræti 92 | Akureyri
  Tel. 462 1818 | www.bautinn.is
  Tgl. 9–23 Uhr, Sa/So Reservierung
  empfehlenswert.

**Bláa Kannan Café €**
Täglich Frühstück, Mittagslunch oder
Tagessuppe und jederzeit Kuchen oder
Sandwiches.

- Hafnarstræti 96 | Akureyri
  Tel. 461 4600

## Shopping
### Shoppingmall Glerártorg
Mit Boutiquen, Schuhgeschäften,
Handy-Läden und dem beliebten
Kaffi Torg Shopping Mall Café.

- Gleráreyrum 1 | in der westlichen Ver-
  längerung der Glerárgata | Akureyri
  Mo–Fr 10–18.30, Sa 10–17, So 13 bis
  17 Uhr

Die Haupteinkaufsmeile in Akureyri ist
der Innenstadtbereich um die Hafnarstræti. Hochwertige Outdoor-Bekleidung
führt die Filiale von **66°North** (Glerár-
gata 32). Pullover aller Art, vor allem
die »echt« isländischen, gibt es bei
**Geysir** (Hafnarstræti 100), und Weih-
nachtsdekoration ganzjährig im
**Jólagarðurinn** (5 km südlich des Zentrums, mit Café).

## Nightlife

- Akureyris Nachtleben lockt die Jugend aus der gesamten Region an. Vor allem samstagabends fährt man beim Autokorso um den Ráðhústorg schickes Blech und aktuelle Designermode spazieren. Manche Klubs haben am Wochenende bis in die Morgenstunden geöffnet. Beliebt ist das **Café Amour,** das am Wochenende zur Disco wird (Ráðhústorg 9, Tel. 461 3030).

- Im **Græni Hatturinn** (Hafnarstræti 96, Tel. 461 4646) gibt es regelmäßig Konzerte; sowohl isländische als auch internationale Gruppen.

# Ausflüge ab Akureyri

## Grímsey [E1]

Die Insel, gut 41 km nördlich von Akureyri, ist das einzige Eckchen Islands, das der Polarkreis durchschneidet. Diesen Breitengrad zeigt das Polarkreis-Denkmal an der Startbahn des Inselflughafens. Zur

Sonnenwende am 21./22. Juni steigt im Básar-Gästehaus (611 Grímsey, Tel. 467 3103, €) eine Mitternachtssonnenparty, denn die Sonne steht auch um null Uhr noch über dem Horizont. Besonders lohnend ist ein Besuch der Vogelfelsen im Norden der Insel mit ihren tausenden Papageitauchern, Lummen, Tordalken und Möwen. Die 66 Einwohner leben vom Fischfang und Tourismus.

## Verkehr

- Im Sommer tgl. Flüge mit **Norlandair,** nach Grímsey, Vopnafjörður und Þórshöfn; Akureyri Airport, Tel. 414 69 60, www.norlandair.is.
- **Fähre Sæfari:** Mo, Mi, Fr 9 Uhr ab Dalvík › **S. 105** (Rückfahrt 16 Uhr), Tel. 458 8970, www.saefari.is

## Goðafoss 2 [E2]

Von Akureyri kommend, erreicht man nach rund 50 km nahe der Ringstraße den Wasserfall. Die Kaskaden des »Götter-Wasserfalls« sind nur etwa 15 m hoch, dafür aber

Der gewaltige Goðafoss bietet ein beeindruckendes Naturschauspiel

gute 100 m breit. Hier soll der Gode und Gesetzessprecher Þorgeir nach Einführung des Christentums als verbindliche Religion heidnische Götterbilder versenkt haben. Teils rutschige Pfade führen dicht an den Wasserfall heran.

# Húsavík 3 [E2]

Man nennt sie die »Walhauptstadt der Insel«, weil man in der malerischen Bucht Skjálfandi Buckel-, Finn- oder Seiwalen besonders nahe kommen kann: Existenzgrundlage der 2200 Einwohner sind die unzähligen Touristen, die vor allem im Sommer auf Walbeobachtungstour gehen › **S. 31**.

Das **Walmuseum** *(Hvalasafnið)* am Hafen präsentiert auf 1200 m² Interessantes über die Riesen der Meere. An der Decke hängt das Skelett des 17 m langen Pottwals »Kjálkaryr«, der 1997 an Islands Südküste strandete (Juni–Aug. tgl. 8.30 bis 18.30, Mai, Sept., Okt. tgl. 9 bis 16, Nov.–April Mo–Fr 10–16 Uhr, www.whalemuseum.is).

Das **Museum Húsavík** *(Safnahúsið á Húsavík)* umfasst das Regionalmuseum, das naturkundliche Museum mit einem ausgestopften Eisbären, der 1969 auf Grímsey geschossen wurde, ein Foto- und Kunstmuseum sowie ein Seefahrtsmuseum (Stórigarður 17, Juni bis Aug. tgl. 10–18, sonst Mo–Fr 10 bis 16 Uhr, www.husmus.is).

Sehenswert ist Húsavíks hübsche **Kreuzkirche,** die 1907 aus norwegischem Holz gebaut wurde (Sommer tgl. 9–11, 15–17 Uhr).

## Info

**Tourist-Information Húsavíkurstofa**
• im Walmuseum | Húsavík
  Tel. 464 43 00 | www.visithusavik.is
  Öffnungszeiten wie Walmuseum

## Hotels

**Fosshótel Húsavík** €€€
Zweckmäßig eingerichtete, schlicht wirkende Zimmer mit Meertouch, nicht weit vom Walmuseum.
• Ketilsbraut 22 | Húsavík
  Tel. 464 1220 | www.fosshotel.is

**Gistiheimili Árból** €€
Familiäres, rustikales Gästehaus von 1903, ruhig gelegen.
• Ásgarðsvegi 2 | Húsavík
  Tel. 464 2220 | www.arbol.is

## Restaurant

**Gamli Baukur** €€
Gemütliches Restaurant in zwei Holzhäusern am Hafen. Juni–Ende Aug. sehr gutes Fischbüfett, sonst exzellente Meeresfrüchteplatten oder Snacks.
• Hafnarsvæðinu | Húsavík
  Tel. 464 2442 | www.gamlibaukur.is
  Tgl. ab 11.30 Uhr

# Mývatn 4 ⭐ [F3]

Der 37 km² große »Mückensee« gehört zu den schönsten und meistbesuchten Regionen Islands. Seinen Namen verdankt er Millionen harmloser Zuckmücken, die im Frühjahr und Spätsommer schlüpfen. Es kommt aber auch eine stechende Kriebelmückenart vor.

Kragen-, Spatel-, Schnatter- und Trauerenten sowie 13 weitere Entengattungen gehören ebenso zur

Der Mývatn, Islands viertgrößter See, von Höfði am Ostufer aus

Vogelwelt des Sees wie viele andere seltene Arten. Vom Wanderweg am Südufer kann man die Vögel am besten beobachten. Startpunkt ist knapp 2 km nach der Brücke über den Fluss Laxá, ebenfalls ein guter Birdwatching-Platz. Rund um den See existiert eine vielfältige Flora: Birken, Weiden, Engelwurz, Hahnenfuß und viele andere Arten gedeihen hier.

Am Ostufer des Sees sollte man die Lavagebilde von **Dimmuborgir** (ca. 3,5 km hinter dem Parkplatz Höfði rechts abbiegen) besuchen. Sie entstanden vor etwa 2500 Jahren und sind Überbleibsel eines Lavasees, der sich hier zunächst staute, dann schlagartig abfloss und erkaltende Säulen zurückließ.

Der viertgrößte See Islands überrascht auch mit einem geologischen Phänomen: den Pseudokratern nahe **Skútustaðir**. Aus der Luft wirken nicht nur der See, sondern vor allem die bizarren Pseudokrater erst so richtig beeindruckend: Ein großartiges Erlebnis ist ein Rundflug,

der ab Reykjahlíð startet (Mýflug, Tel. 464 4400, www.myflug.is).

Wie durch ein Wunder verschonte 1792 die Lava des Eldhraun das Kirchlein des Weilers **Reykjahlíð**, in das sich die Bauern der nahen Gehöfte geflüchtet hatten. Alle anderen Gebäude und sogar der Friedhof wurden zerstört. Noch heute wirkt das erkaltete Lavafeld um die neue Kirche bedrohlich. Der Ort ist ein populärer Übernachtungsstopp.

Verlockend ist ein heißes Bad in der Lagune des Dampfkraftwerks Bjarnarflag: Aus dem Naturdampfbad wurden die modernen **Mývatn Nature Baths** an der Ringstraße › **Special S. 102**.

Vom Mývatn aus organisiert Mývatn Tours Tagestouren zur Caldera Askja › **S. 145** (Tel. 464 1920, www. askjatours.is).

## Info

**Tourist Info**
• Hraunvegur 8 | Reykjahlíð
 Tel. 464 4390 | www.visitmyvatn.is
 Juni–Aug. tgl. 7.30–20.30 Uhr

# In Hot Pots und Lagunen

Dank der geothermischen Quellen und des reichlich vorhandenen Wassers findet man in Island viele Möglichkeiten, entspannende Bäder unter freiem Himmel zu nehmen. Schon in Reykjavík, das sich Spa-City nennt, kommen Sportler und Wellnesssuchende gleichermaßen auf ihre Kosten.

Besonders reizvoll aber sind die etwas versteckteren kleinen warmen Quellen und die reizenden Schwimmbäder auf dem Land. Eine Gesamtübersicht findet sich unter http://hotpoticeland.com.

## Schwimmbäder

In Island gibt es jede Menge Schwimmbäder; in allen ist das Wasser wohltemperiert. Je größer der Ort, desto größer das Bad und die entsprechenden Anlagen, zu denen auch Saunen und Kinderbecken gehören. Doch auf die Größe kommt es gar nicht unbedingt an:

In Reykjavíks Nachbarstadt **Seltjarnarnes** gibt es ein kleines, aber feines Bad mit hautfreundlichem Salzwasser, das auch die Hauptstädter sehr zu schätzen wissen.

Eine Attraktion ist Islands einziger Badestrand in **Nauthólsvík** südlich des Inlandsflughafens in Reykjavík. Geothermisch aufgeheiztes, 20 °C warmes Wasser und künstlich aufgeschütteter goldgelber Sand machen den Reiz des Thermalstrands mit Duschen, Umkleiden und Restaurant aus.

- **Seltjarneslaug** [C5]
  Suðurströnd | Tel. 561 1551
  Mo–Fr 6.30–21, Sa/So Winter 8–18,
  Sommer 8–19.30 Uhr
- **Strand von Nauthólsvík** [C5]
  Nauthólsvegur (südlich von Perlan),
  erreichbar über die Straße Hlíðarfótur)
  Tel. 511 6630 | www.nautholsvik.is
  15. Mai–15 Aug. tgl. 10–19 Uhr,
  16. Aug.–14. Mai Mo, Mi 11–14,
  17–20, Fr 11–14, Sa 11–16 Uhr

## Lagunen

Spätestens kurz vor dem Heimflug wird ein Besuch in Islands berühmtestem Badeparadies bei Grindavík auf dem Programm stehen. Erst nutzt ein Geothermalkraftwerk die örtlichen Thermalquellen zur Energieerzeugung, dann speist es das heiße Wasser in die **Blaue Lagune** › S. 72 *(Bláa Lónið)*. Zu jeder Jahreszeit kann man im großen Außenbereich im gut 40 °C warmen Nass baden. Algen und Kieselschlamm verleihen dem Wasser zudem Heilkraft. Für perfektes Wohlgefühl sorgen das attraktive Ambiente, Dampfbad und Sauna im Innenbereich sowie ein großes Restaurant.

Was die Blaue Lagune im Süden ist, das ist die »grüne Lagune« im Norden bei Mývatn. **Mývatn Nature Baths** › S. 101 bietet mineralhaltiges, wohltemperiertes Wasser, dem auch pflegende Wirkung zugeschrieben wird. Ein Genuss ist auch der Blick auf die umgebende Landschaft.

- **Blaue Lagune** [B5]
  Tel. 420 8800
  www.bluelagoon.com
  Mitte Mai–Aug. 8–22, Juni, Juli bis 24, Sep.–Okt. 8–20, sonst Kernzeit 9 bis 20 Uhr. Eintritt vorab im Internet buchen. Mit dem Flybus (www.re.is/DayTours/BlueLagoon) kann man gleich nach der Ankunft oder vor dem Heimflug an der Blauen Lagune stoppen, mit Abholung im Hotel in Reykjavík, Aufenthalt an der Lagune, Weiterfahrt zum Flughafen Keflavík.
- **Mývatn Nature Baths** [F3]
  östlich von Reykjahlíð | Tel. 464 4411
  www.jardbodin.is
  Im Sommer 9–24, sonst 12–22 Uhr

## Heiße Quellen

Besonders reizvoll ist ein Bad in einer natürlichen Quelle, wie in **Landmannalaugar** › S. 146 oder **Hveravellir** › S. 142. Doch Vorsicht: Es gibt auch sehr heiße Quellen, die Verbrühungen verursachen können!

## Hot Pots

Es gibt sie in jedem Schwimmbad, doch einen besonderen Reiz haben Hot Pots – manchmal auch als Jacuzzi – in Hotels oder Hütten. In einigen sitzt man draußen auf der Terrasse und genießt den Blick wie im **Brimnes** › S. 106 in Ólafsfjörður, oder man leistet sich den Luxus und mietet die Suite im **Landhotel Rangá** [D5] in Hella (www.hotelranga.is, €€€) mit Hot Pot im Zimmer und Blick auf die Hekla.

**BADEREGELN: Vor dem Besuch im Schwimmbad duscht man ohne Badebekleidung, doch wenn man eine Sauna oder ein Dampfbad im Schwimmbad besucht, muss man die Badesachen anbehalten.**

In den Mývatn Nature Baths

## Unterkünfte

**Hótel Reynihlíð €€€**
Große Zimmer, gutes Restaurant.
• Reykjahlíð | Tel. 464 4170
  www.myvatnhotel.is

**Gistiheimili Eldá €€**
Drei Häuser direkt im Ort mit geräumigen Doppel- bzw. Familienzimmern.
• Helluhraun 15 | Reykjahlíð
  Tel. 464 4220 | http://elda.is

**Skútustaðir €€**
Bauernhof bei den Pseudokratern am Südwestufer.
• Tel. 464 4212 | www.skutustadir.com

**Zeltplatz Vogar**
❗ Sehr schöner Platz direkt an der Lava, ca. 2,5 km südlich.
• Tel. 464 4399 | www.vogahraun.is

## Restaurant

**Gamli Bærinn €**
Bistro in einem ehemaligen Hof mit traditionellen Gerichten, abends Livemusik.
**50 Dinge** ⑰ › S. 14.
• Reykjahlíð | Tel. 464 4270
  Im Sommer tgl. 10–23 Uhr

# Námafjall 5 [F3] und Vulkan Krafla 6 [F2]

Zu Füßen des Bergs **Námafjall** liegt ein großes Solfatarengebiet, das Besucher mit Dampfschwaden und infernalischem Gestank begrüßt. Allenthalben blubbert in diesem bekannten Hochtemperaturgebiet heißer Schlamm aus Erdlöchern und bildet vielfarbige Mineralienablagerungen.

**ABER ACHTUNG: Wie in allen Vulkan- und Hochtemperaturgebieten ist bei der Annäherung an die Schlammlöcher Vorsicht angesagt.**

Weiter in Richtung Norden liegt das Dampfkraftwerk Krafla, das an der Flanke des seit 1975 aktiven Vulkans **Krafla** (818 m) gebaut wurde. Unweit des kleinen Parkplatzes schimmert die Stóra-Víti (»Große Hölle«), ein Kratersee, der seine türkisblaue Farbe von Kieselsäurealgen erhält.

# Dettifoss 7 ★ [F2] und Ásbyrgi 8 [F2]

Der **Dettifoss** ist eines der beeindruckendsten und bekanntesten Naturwunder Islands. Den wasserreichsten Wasserfall Europas speist der Gletscherfluss Jökulsá á Fjöllum. Seine graubraunen Wassermassen stürzen 44 m tief eine insgesamt 100 m breite Felswand hinab.

  Im Westen und Norden schließt sich der **Jökulsárgljúfur-National-**

Im Jökulsárgljúfur-Nationalpark

park an, den der Jökulsá á Fjöllum Richtung Atlantik durchfließt, vorbei an bizarren Lavagebilden. Trekkingfreunde steuern den Zeltplatz in **Ásbyrgi** an, der wunderschön an der gleichnamigen schroffen **Schlucht Ásbyrgi** liegt. Eindrucksvoll fassen bis zu 100 m hohe Felswände das grüne, hufeisenförmige Tal ein.

### Info
**Information Center**
• Ásbyrgi | Tel. 470 7100 | www.vjp.is
21. Mai–20. Sept. 9–19, Mai, Sept., Okt. 10–16 Uhr

### Camping
**Camping Jökulsárgljúfur Ásbyrgi**
Komfortabler Platz mit Einkaufsmöglichkeiten und Anbindung an Überlandbusse, sehr beliebt.
• Tel. 470 7100, wie Information Center

# Dalvík 9 [E2]

Die Fischereiwirtschaft prägt die Stadt (1400 Einw.) und den hübschen Hafen. Für das moderne Ortsbild gibt es einen einfachen Grund: 1934 zerstörte ein schweres Erdbeben mit nachfolgender Flutwelle fast die gesamte Stadt.

Sehenswert ist das **Heimatmuseum**: Hier findet sich die größte Kollektion an Pflanzen- und Blumenarten in ganz Island, daneben der größte je gefangene Seehund und eine Gedenkstätte für den mit 2,34 m einst größten Mann der Welt, Jóhann Kristinn Petursson (1913–1984) (*Byggðasafn Dalvíkur*, Hvoll, Tel. 466 1497, Juni–Aug. tgl. 11–18, sonst Sa 14–17 Uhr).

### Info
**Touristen-Information**
• Kulturhaus Berg | Dalvík
Tel. 846 4908
www.dalvikurbyggd.is
www.visittrollaskagi.is
Mo–Fr 9–18, Sa 13–17 Uhr

### Hotel
**Dalvík Hostel €–€€**
Neben dem Hostel Gimli im Ort gibt es auch noch Hütten und kleine Häuser, Schlafsackplätze und gemachte Betten. Ganzjährig geöffnet, Familienbetrieb.
• Vegamot | Dalvík
Tel. 865 8391
www.dalvikhostel.com

### Restaurant
**Við Höfnina €–€€**
Außer günstigen Pizzen und Hamburgern gibt es auch gute Fischgerichte.
• Hafnarbraut 5 | Dalvík
Tel. 466 2040

# Ólafsfjörður 10 [E2]

Den reizvollen Wintersportort (790 Einw.) erreicht man über die schöne Straße Nr. 82. Wenn der Nordwind reichlich Schnee gebracht hat, tummeln sich die Skifahrer am Ólafjaðafjall, wo sogar eine Skisprungschanze steht. Existenzgrundlage des Städtchens ist aber vor allem der Fischfang.

Zu einem Anglerparadies hat sich die Lagune Ólafsfjarðarvatn entwickelt, wo sich kaltes Süß- und vergleichsweise warmes Salzwasser mischen, weshalb man dort die nach Meinung der Einheimischen besten Lachse und Forellen Islands, aber auch Meeresfische an die Angel bekommt.

Ornithologen wird das **Naturkundemuseum** mit der größten Sammlung präparierter Vögel und Vogeleier in ganz Island begeistern. Ein naturgetreu nachgebildeter Vogelfelsen bereichert die Schau (Aðalgata 14, Tel. 466 2651, Juni–Aug. Di–So 14–17 Uhr).

## Hotel

**Hótel Brimnes** €€–€€€
Gutes Mittelklassehotel mit großem Restaurant und Bar. Das Hotel vermietet auch acht finnische Blockhütten direkt an der Lagune für 3–7 Personen.
• Bylgjubyggð 2 | Tel. 466 2400
  www.brimnes.is

# Siglufjörður ⑪ [E2]

Isländer verbinden das 1200-Einwohner-Städtchen sofort mit dem Heringsboom vom Anfang des 20. Jhs., als Hering ein Exportschlager war. Heute zieht man mit der

Geschichte Touristen an. **50 Dinge** ㉖ › **S. 15.**

Die zahlreichen alten Häuser sind gepflegt, und es scheint, als sei die Stadt wieder im Aufwind. Die 1932 geweihte **Kirche** lohnt den Besuch wegen des großen Altarbilds von Gunnlaugur Blöndal (1893 bis 1962) und des kunstvoll-schlichten Taufsteins, den der Bildhauer Ríkarður Jónsson aus Akureyri gestaltet hat (tgl. geöffnet).

Spannendes gibt es im **Heringsmuseum** *(Síldarminjasafnið)* zu sehen: Im Sommer jeweils Sa 15 Uhr **!** wird die Technik des Heringsalzens von Arbeiterinnen demonstriert. Man darf den Fisch auch probieren. Ansonsten werden Utensilien aus der Zeit des Heringsbooms von 1908 bis ca. 1969 ausgestellt – Fässer, Netze, alte Fotos, Urkunden –, und Filme gezeigt, die über den Heringsboom informieren (Snorragata 15, www.sild.is, Tel. 467 1604, Juni–Aug. tgl. 10–18, Mai, Sept. tgl. 13–17 Uhr).

Islands nördlichste Stadt Siglufjörður

Alljährlich am ersten Augustwochenende ist die ganze Stadt auf den Beinen: Theatergruppen, Komödianten und Musiker erinnern beim **Heringsfestival** an die große Zeit des Heringsrauschs.

## Info

**Tourist-Info**

• Gránugata 24, in der Bibliothek
Tel. 464 9120 | Siglufjörður
www.fjallabyggd.is
Nur im Sommer, Öffnungszeiten wie Bibliothek.

## Hotel

**Sigló Hotel** €€€

Jedes Zimmer hat einen ❗ schönen Blick und vor allem einen gemütlichen Erker. Sehr gute Ausstattung.

• Snorragata 3 | Siglufjörður
Tel. 461 7730 | www.siglohotel.is

## Restaurant

**Kaffi Rauðka** €€

Gutes Essen, z. B. die wechselnden Tagesgerichte und Salate, schöner Blick auf den Hafen. In den großen Räumen lässt es sich gut feiern.

• am Hafen | Siglufjörður
Tel. 461 7733

# Hólar 🕙 [D2]

1106 entstand hier der zweite Bischofssitz des Landes, zugleich ein politisches und kulturelles Zentrum des Nordens. 1530 brachte Jón Arason eine Druckpresse nach Hólar, doch erst sein reformierter Nachfolger, Guðbrandur Þorláksson, ließ sowohl das Evangelium als auch die ersten Karten des Landes drucken.

**Hóladómkirkja** ist ein auffälliger Bau aus rotem Sandstein, bereits 1763 geweiht und damit Islands älteste Steinkirche. Sehenswert ist v. a. das Triptychon aus dem Spätmittelalter (Sommer tgl. 10–18 Uhr).

Heute gibt es in Hólar eine Hochschule für Reiterei, Pferdehaltung und Pferdezucht. Während des Sommers bietet diese landschaftlich schön gelegene Einrichtung gute Freizeitangebote für Familien.

## Unterkunft

**Hólaskóli** €–€€

Einfache Zimmer in der Schule, auch Ferienwohnungen und hübsche Hütten.

• Tel. 455 6333 | Hólar
www.holar.is

### Zeltplätze in wunderbarer Natur

• **Vogar** am Mývatn liegt direkt an der Lava und ist ein idealer Ausgangspunkt für Spaziergänge. › S. 104

• **Hólar** bietet einen lauschigen Platz unter Bäumen. › S. 108

• Auf dem schön gelegenen Platz von **Atlavik** am Lögurinn kann man träumen unter Bäumen. › S. 115

• In **Skógar** singt das friedliche Rauschen des nahen Wasserfalls die Camper in den Schlaf. › S. 127

• Auf **Heimaey** zeltet man direkt an den steilen Klippen, wo zahlreiche Vögel nisten. › S. 134

## Camping

⚠ Sehr hübscher Platz für etwa 200 Personen in einem kleinen Wald.
• Tel. 455 6333 (wie Hólaskóli, › S. 107)

# Sauðárkrókur 13 [D2]

Der Ort (2600 Einw.) ist ein wichtiges Verwaltungszentrum im isländischen Nordwesten mit weiterführenden Schulen für die Region. Neben der Fischerei leben die Einwohner auch von kleineren Industrien wie z. B. einer Steinwollefabrik.

Kleine Ausstellungen zu alten Handwerksberufen und zur Archäologie der Region Skagafjörður zeigt **Minjahúsið** im ehemaligen Lagerhaus des alten Ladens (Aðalgata 16 b, Juni–Aug. 13–19 Uhr).

Die lebensgroße Skulptur eines Islandpferds in der Skagfirðingarbraut, geschaffen von Ragnar Kjartansson, verdeutlicht, dass die Pferdezucht im Skagafjord-Bezirk einen

besonders hohen Stellenwert hat. Bis vor wenigen Jahren wurden Islandpferde vor allem im Nordwesten der Insel auch noch als Arbeitstiere eingesetzt. Die besten Reiter der Insel sind hier zu Hause.

Eine Wanderung auf den 900 m hohen Aussichtsberg **Tindastóll** nordwestlich von Sauðárkrókur (ab Reykir, am Ende der Straße 748) wird mit einem einzigartigen Blick auf die Stadt, den Skagafjord sowie die Berge und Ebenen der Skagi-Halbinsel belohnt. Auf dem Tindastóll soll es einen mit Wasser und unzähligen Edelsteinen gefüllten Brunnen geben; jedes Jahr zur Mittsommernacht steigt, so heißt es, der wertvollste, der Wünsche erfüllen kann, an die Oberfläche.

## Info

**Tourist-Information**
• im Minjahúsið | Sauðárkrókur
  Tel. 455 6161
  www.visitskagafjordur.is
  Sommer tgl. 12–19 Uhr

## Verkehr

**Flughafen:** 2 km östlich der Stadt, im Sommer mehrmals wöchentlich Flüge von/nach Reykjavík mit Eagle Air.
• Tel. 562 2640
  www.eagleair.is

## Unterkünfte

**Mikligarður** €€
Gemütliches Gästehaus mit 14 Zimmern, zentral gelegen.
• Kirkjurtorg 3 | Sauðárkrókur
  Tel. 453 6880
  www.arctichotels.is/en/
  mikligardur-guesthouse

---

### Hoch zu Ross

Pferdefans sehr zu empfehlen sind die Reittouren-Angebote von Gehöften wie **Lýtingsstaðir Horse Farm** (Varmahlíð, Tel. 453 8064, www.lyt horse.com, mit Pferdeverkauf), oder auch **Hestasport Activity Tours** (Tel. 453 8383, www.riding.is). Oft sind es Mehrtagestouren, z. B. Ausflüge zum Mývatn, die v. a. erfahrene Reiter ansprechen. Manchmal kann man am Pferde- und Schafabtrieb teilnehmen. Auch Hotels und Gästehäuser bieten in Kooperation mit kleineren Höfen Ausflüge im Sattel an.

# Torfhofmuseum Glaumbær 14 ⭐ [D3]

Vor 1900 lebten die meisten Isländer in Häusern, deren Wände aus gut isolierendem Torf gebaut und deren Dächer mit Grassoden bedeckt waren. In diese Ära führt das hervorragende Torfhofmuseum *(Byggðasafn)* Glaumbær. Der Hof, gestützt durch ein Holzgerüst, besitzt 16 Räume, darunter Vorrats-, Schlaf-, Gästezimmer und Küche. Auf die Vorhänge der benachbarten Kirche sind Szenen aus alten isländischen Manuskripten gemalt, die von der Annahme des christlichen Glaubens berichten (April–20. Okt. Mo–Fr 10–16, 10. Mai–20. Sept. tgl. 9–18 Uhr, Tel. 453 6173).

## Restaurant

**Áskaffi €**
Hausgemachte Kuchen und sehr guter Kaffee in einem Haus von 1849.
• auf dem Museumsgelände

# Varmahlíð 15 [D3]

Der kleine Ort führt die »warmen Quellen« schon im Namen; sie werden zum Heizen, für die Warmwasserversorgung und im Schwimmbad (Mo–Fr 10.30–21, Sa/So 10.30–18 Uhr) genutzt.

Sehenswert ist die **Víðimýrarkirkja** bei Víðimýri (ca. 4 km westlich), die 1834 aus sibirischem Treibholz errichtet wurde. Die Grassodenkirche gilt als eines der schönsten Beispiele isländischer Baukunst – die Wände sind aus Torf, um den ein Holzgerüst herumgearbeitet wurde. Das Altarbild (1616) zeigt eine Abendmahlszene, die Kirchenbänke zieren kunstvolle Schnitzereien (im Sommer tgl. 9 bis 18 Uhr, im Winter nach Vereinbarung, Tel. 453 6173).

## Info

**Tourist Info**
• Tel. 455 6161 | www.northwest.is
  Sommer tgl. 9–19 Uhr

Glaumbær, ein Torfhof aus dem 18./19. Jh.

## Hotel

**Hótel Varmahlíð** €€€

Ansprechendes Hotel mit geräumigen
Zimmern und gutem Restaurant.

• Laugavegur | Varmahlíð
  Tel. 453 8170 | www.hotelvarmahlid.is

# Blönduós 16 [D3]

Der Verkehrsknotenpunkt an der
Mündung der Blandá (800 Einw.)
beherbergt in einem der ältesten
Häuser Islands (1733) das **Packeis-
museum,** das über das Entstehen des
Meereises, sein Kommen und Gehen informiert. Packeis trat in der
Bucht Húnaflói regelmäßig auf, oft
trieb dabei auch mal ein Eisbär an
(Sommer tgl. 11–17 Uhr, www.
blonduos.is/hafis, Tel. 452 4848).

Das **Textilmuseum** (*Heimilisiðna-
ðarsafnið*) zeigt u. a. Wandteppiche
und bestickte Tischdecken (Árbraut
29, Sommer tgl. 10–17 Uhr, Tel.
452 4067, http://textile.is).

## Info

**Tourist-Info**

• am Campingplatz an der Ringstraße
  Blönduós | Tel. 452 4520
  Sommer tgl. 9–21 Uhr

## Hotels

**Hótel Blönduós** €€€

Gemütliches Haus mit gutem Restaurant
im Zentrum. Ganzjährig.

• Aðalgata 6 | Blönduós | Tel. 452 4205
  www.hotelblonduos.is

**Hótel Húni** €€

Sommerhotel in idyllischer Lage.

• am See Svínavatn, ca. 15 km südl.
  Tel. 453 5600 | www.hotelhuni.is

# Vatnsnes-Halbinsel

Größter Ort und Dienstleistungszentrum der Region ist **Hvammstangi 17** [C3] mit einem sehr empfeh-
lenswerten **Robbenzentrum**, das
viel Interessantes über die Tiere
und ihre Bedeutung für die Region
vermittelt (*Selasetur*, Juni–Aug.
tgl. 9–19, Okt.–April Mo–Fr 10 bis
15, sonst 9–16 Uhr, Tel. 451 2345,
www.selasetur.is). Entlang der
Westküste der Vatnsnes-Halbinsel
gibt es immer wieder Plätze, wo
man Robben beobachten kann.

Am **!** 15 m hohen **Hvítserkur**-
Vogelfelsen sind vor allem Dreizehenmöwen und Kormorane zu
beobachten. Der Felsen liegt nahe
**Ósar 18** [C3], wo auch Seehunde
auftauchen. Zu beiden Zielen muss
man beim Miðfjarðarvatn in die
Straße 711 einbiegen.

## Unterkunft

**Gästehaus Hanna Sigga** €€

Das Gästehaus hat vier gemütliche Zimmer und einen schönen Garten mit Hot
Pot. Zum Bio-Frühstück gibt es selbst
gebackenes Brot.

• Garðarvegur 26 | Hvammstangi
  Tel. 451 2407

# Reykir 19 [C3]

Im **Regionalmuseum** des Ortes ist
u. a. ein altes Haifischfangboot ausgestellt: Noch bis ins 20. Jh. ging
man in der Húnaflói-Bucht auf Hai-
fischjagd (Tel. 451 0040, Juni–Aug.
tgl. 9–17 Uhr, http://reykjasafn.is).

Papageitaucher an den Ostfjorden

# OSTEN

## Kleine Inspiration

- **Die Elfen besuchen** in Bakkagerði › S. 114
- **Einen Spaziergang im Wald von Hallormsstaðarskógur** machen, dem ältesten und größten Islands › S. 115
- **Leckeren Kuchen essen** im gemütlichen Café in Gunnar Gunnarssons ehemaligem Wohnhaus in Skriðuklaustur › S. 115
- **Am Abend in Djúpivogur** mit Blick auf die kleinen Boote und das Meer flanieren › S. 116

**In den Fjorden an Islands Ostküste verstecken sich verträumte kleine Fischerorte; im Südosten ist Höfn Ausgangsort für Touren auf den Vatnajökull-Gletscher.**

Ostisland umfasst die fjordreiche Küste zwischen Bakkagerði und Höfn. Der Hauptort des Ostens ist Egilsstaðir am See Lögurinn, bekannt für seinen Wald. Die sich weiter südlich erstreckende Fjordlandschaft ähnelt der der Westfjorde. Erdgeschichtlich gehören beide Gebiete zu den ältesten der Islands. In den Fjorden, umgeben von Gebirgen, liegen Fischerorte, besonders gut versteckt ist Bakkagerði, der größte Ort des »verborgenen Volkes« (vulgo: Elfen). In Reyðarfjörður hat mit dem Bau der dortigen Aluminiumschmelze eine sprunghafte Entwicklung eingesetzt.

Islands größter Gletscher Vatnajökull prägt den Südosten. Startpunkt für Exkursionen ist Höfn.

# Touren in der Region

## Rund um den Lögurinn

**Route:** **Egilsstaðir › Hallormsstaðarskógur › Végarður › Skriðuklaustur › Egilsstaðir**

**Karte:** Seite 120
**Dauer:** 1 Tag
**Praktische Hinweise:**
• Für diese Tour braucht man einen Pkw, den man auch in Egilsstaðir am Flughafen leihen kann.

### Tour-Start:

Der See **Lögurinn** › S. 114 südwestlich von **Egilsstaðir** **1** › S. 113 ist im Grunde ein besonders breiter Fluss, aber als solchen nimmt man ihn nicht wahr. Besonders schön ist das waldreiche Ostufer mit dem größten Waldgebiet des Landes, **Hallormsstaðarskógur** **4** › S. 115. Markierte Pfade bieten sich für Spaziergänge an.

Südlich des Sees an der Straße 933 befinden sich der Hof **Valþjófsstaðir** **5** › S. 115 und die gleichnamige Kirche mit einer bemerkenswerten Tür.

**Skriðuklaustur** **6** › S. 115, das ehemalige Wohnhaus des Dichters Gunnar Gunnarsson, ist heute ein Kulturzentrum, oft gibt es Ausstellungen, sonst macht auch der Gang durch die Wohnräume Spaß. Unweit davon geht die Straße 910 ins Hochland ab, die zu den Staudämmen führt. Wieder auf der 931, lohnt ein Stopp am Wasserfall **Hengifoss,** dann geht es zurück auf die Ringstraße und nach Egilsstaðir.

**Die Fjorde entlang nach Höfn**

**Route: Egilsstaðir › Reyðarfjörður › Fáskrúðsfjörður › Stöðvarfjörður › Breiðdalsvík › Djúpivogur › Höfn**

**Karte:** Seite 120
**Dauer:** 1 Tag
**Praktische Hinweise:**
• Man kann die Orte mit dem Bus anfahren, doch bleibt dann keine Zeit für Besichtigungen.

## Tour-Start:

Von **Egilsstaðir** **1** › S. 113 führt die Straße Nr. 92 über die Hochebene Fagridalur nach **Reyðarfjörður** **7** › S. 115. Der Ort wirkt seit der Eröffnung der Aluminiumschmelze geradezu städtisch. Durch den Tunnel geht es nun auf der Nr. 96 die Küste entlang, die in vielem den Westfjorden ähnelt. In **Fáskrúðsfjörður** **8** › S. 116 mutet manches französisch an. In **Stöðvarfjörður** **9** › S. 116 lohnt ein Besuch der Mineraliensammlung. **Breiðdalsvík** [H4] liegt an dem größten Tal, das sich im Osten eingegraben hat, auf den vorgelagerten Inseln leben Eiderenten und Robben. Hier stößt die Straße auf die Nr. 1. **Djúpivogur** **10** › S. 116 bietet Vogelfreunden Gelegenheit für Beobachtungen. Auch die weitere Strecke eröffnet immer wieder schöne Ausblicke auf das Meer. Schließlich ist **Höfn** **11** › S. 117 am Fuß des Vatnajökull erreicht.

## Wichtige Adresse

**East Iceland Regional Inform. Centre**
• Adresse und Öffnungszeiten wie Tourist Info Egilsstaðir › **unten**.

# Unterwegs im Osten

## Egilsstaðir-Fellabær **1** [G3]

Den Aufstieg der Doppelstadt (2300 Einw.) zum Zentrum Ostislands ermöglichte die 1958 gebaute Holzbrücke über den See Lögurinn.

Dem Leben in den Ostfjorden widmet sich das **Heimatmuseum,** wo man auch erfährt, dass Egilsstaðir einst eine Hinrichtungsstätte war (Laufskógum 1, Tel. 471 1412, Juni bis Aug. Mo–Fr 11.30–19, Sa, So 10.30–18 Uhr, www.minjasafn.is).

### Information
**Tourist Info**
• Miðvangur 1–3 | Egilsstaðir
Tel. 471 2320 | www.east.is
Sommer Mo–Fr 8.30–18.30, Sa/So 9–17, sonst Mo–Fr 12–18, Sa 11–14 Uhr

### Hotels
**Gistihúsið Egilsstöðum** €€€
Aus dem schönen alten Hof ist ein luxuriöses Hotel mit gemütlicher Spa-Anlage geworden.
• Egilsstaðir | Tel. 471 1114
www.lakehotel.is

**Icelandair-Hótel Herað €€€**
Komfortables Businesshotel mit ansprechendem Design.
• Miðvangur 5–7 | Egilsstaðir
  Tel. 471 1500
  www.icelandairhotels.com

### Restaurant
**Café Nielsen €€**
Große Kuchenvielfalt, guter Kaffee, mittags Büfett, abends italienische Küche.
• Tjarnarbraut 1 | Egilsstaðir
  Tel. 471 2626
  Mo–Do 11.30–23.30, Fr–So 13–2 Uhr.

# Seyðisfjörður **2** [H3]

Wer mit der Fähre »Norröna« anreist › **S. 26**, landet in dieser Kleinstadt am gleichnamigen Fjord, umrahmt von gewaltigen Bergen. Viele bunte Häuser erinnern daran, dass sich Ende des 19. Jhs. hier viele Norweger ansiedelten. In der hübschen blauen **Kirche** geben zwischen Juni und August verschiedene Musiker meist klassische Konzerte.

Im einstigen Wohnhaus des Norwegers Otto Wathne, der Anfang des 20. Jhs. die fischverarbeitende Industrie in der Region mitbegründete, informiert ein **Technikmuseum** über die Entwicklung der Fotografie, Telegrafie und Medizin (Hafnargata 44, Tel. 472 1696, Sommer Mo–Fr 11–17 Uhr, http://tekmus.is).

Nahe des Ortes, an der Straße Nr. 93, rauscht der schöne Wasserfall **Gufufoss.**

### Information
**Touristeninformation im Fährhaus**
• Ferjuleira 1 | Seyðisfjörður

Tel. 472 1551
www.visitseydisfjordur.com
Sommer Mo–Fr 9–16 Uhr, im Winter wenn die Fähre im Hafen ist.

### Verkehr
• Nach Seyðisfjörður und Bakkagerði verkehren Busse von Egilsstaðir.

### Unterkunft
**Jugendherberge Hafaldan €–€€**
Familienfreundliche Unterkünfte in zwei Häusern, eines in Hafennähe, das andere beim alten Krankenhaus – vom Schlafsackplatz bis zum DZ mit Bad.
• Ránargata 9 bzw. Suðurgata 8
  (Rezeption)
  Tel. 611 1410 | http://hafaldan.is

# Bakkagerði **3** [H3]

Den Ort am Borgarfjörður, ca. 70 km nördöstlich von Egilsstaðir, schmücken nicht nur viele alte, hübsche Holzhäuser, hier soll auch die Königin der Elfen wohnen. Doch auch auf den großen Sohn des Ortes, den Maler Jóhannes Sveinsson Kjarval › **S. 43**, ist man stolz. Kopien seiner Bilder und ein Nachbau seiner Atelierhütte sind im Museum des Gemeindehauses zu sehen (Juni–Aug. tgl. 12–18 Uhr).

Von Bakkagerði starten Wanderungen in die Einsamkeit des Dyrfjöll-Bergmassivs.

# Lögurinn [G3]

Mit 52 km² Fläche und 35 km Länge ist der Lögurinn (Lagarfljót) der drittgrößte See Islands. Obwohl zahllose Quellflüsse im Fljótsdalur in den See münden, bleibt der trübe Gletscherwassercharakter erhalten. Im Lögurinn soll das legendäre See-ungeheuer Ormur hausen, ein Ver-wandter der schottischen Nessie.

## Hallormsstaðarskógur
**4** [G3]

Umrundet man den Lögurinn auf der gut ausgebauten 931, kommt man in Islands größten Wald. Mit der Wiederaufforstung wurde zu Anfang des 20. Jhs. begonnen, so-mit findet man durchaus 100 Jahre alte Bäume hier, die jetzt auch verar-beitet werden. Zahlreiche Spazier-wege führen durch den Wald.

## Valþjófsstaður  **5** [G3]

Der ehemals bedeutende Hof wurde im Mittelalter erbaut. Heute steht hier eine Kirche (1966), deren Tür eine Kopie der alten Tür von 1200 ist. Die Schnitzereien zeigen Szenen aus einem Ritterepos. Das Original befindet sich im Nationalmuseum in Reykjavik und ist ein Zeugnis der damaligen Handwerkskunst.

Wer sich den **Kárahnjúkar-Damm** ansehen möchte, fährt auf der Straße 910 etwa 50 km ins Landesinnere.

## Skriðuklaustur  **6** [G3]

Das ehemalige Wohnhaus des Dich-ters Gunnar Gunnarsson wirkt in seiner Wuchtigkeit befremdlich. Entworfen hat es der deutsche Ar-chitekt Fritz Höger 1939; die Frage, inwieweit sich die Nationalsozialis-ten an der Finanzierung beteiligt haben, ist ungeklärt. Gunnarsson vermachte den Hof nach seinem Tod 1975 dem Staat, der 2000 dann

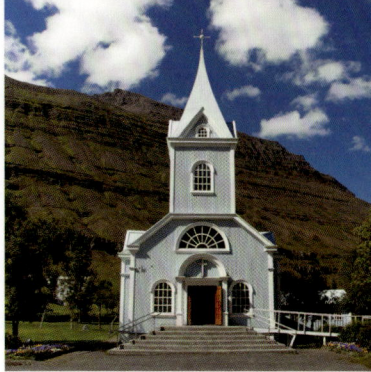
Die Kirche in Seyðisfjörður ist hellbau gestrichen

auch das gewünschte Kulturzen-trum mit Café darin einrichtete.

Im 15. Jh. stand hier ein Kloster, entsprechende Hinweise dazu fin-det man in einer Ausstellung (im Sommer tgl. 10–18 Uhr).

### Camping
**Zeltplatz Atlavík €**
Gut ausgestattet, **!** romantisch gele-gen unter Bäumen und direkt am See.
• im Wald Hallormsstaðarskógur
  Tel. 471 1774

### Restaurant
**Skriðuklaustur €–€€**
Ausgezeichnetes Restaurant: Probieren Sie den Kuchen und die Suppen!
• Tel. 471 2990 | www.skriduklaustur.is

# Ostfjorde
## Reyðarfjörður  **7** [G3]

Reyðarfjörður ist seit dem Bau des Aluminiumwerks Alcoa mit rund 1100 Einwohnern der größte Ort an der Ostküste. Die gute Infrastruktur zog viele Bewohner an. Während

Die 350 Einwohner von Djúpivogur leben vom Fischfang

des Zweiten Weltkriegs befand sich hier eine Militärbasis der Alliierten; das **Museum** gibt Aufschluss über das Leben der Isländer während der englischen und amerikanischen Besatzung (Haeðargerði, Tel. 470 9063, Juni–Aug. tgl. 13–18 Uhr).

## Fáskrúðsfjörður  8  [H3/4]

Frankreich verbunden fühlen sich die Bewohner von Fáskrúðsfjörður. Zu Beginn des 20. Jhs. befand sich hier ein Hauptstützpunkt für französische Seeleute, die sogar eine Kirche mit Friedhof und ein Krankenhaus unterhielten. Noch heute verweisen die zweisprachigen Straßenschilder auf die Verbindung. In der Umgebung gibt es schöne markierte Wanderwege.

### Hotel, Restaurant, Museum
**Fosshotel Eastfjords** €€€
In dem ehemaligen Krankenhaus der Franzosen befinden sich das Hotel, das Restaurant **L'Abri** (französisch inspiriert, €€–€€€) und das Museum über die Franzosen in Island.
• Hafnargata 11–14 | Fáskrúðsfjörður
  Tel. 470 4070 | www.fosshotel.is

## Stöðvarfjörður  9  [H4]

Mineralienvorkommen und die Bergkulisse machen den winzigen Ort zum lohnenden Stopp. Petra Sveinsdóttirs sehenswerte **Mineraliensammlung** › S. 29 ist  !  bunt und fröhlich präsentiert.

### Unterkunft
**Kirkjubær** €
 !  Die ungewöhnlichste Unterkunft im Land: Schlafsackübernachtung in einer schön gelegenen alten Kirche.
• Fjarðarbraut 37a | Stöðvarfjörður
  Tel. 892 3319

## Djúpivogur  10  [G4]

Der ansehnliche Ort (350 Einw.) mit nettem Hafen war lange Zeit ein wichtiger Handelsstützpunkt. In der Umgebung kann man kleine Wanderungen und Vogelbeobachtungsfahrten zur Insel Papey unternehmen. Nahe Djúpivogur erhebt sich der auffällige, 1069 m hohe Berg **Búlandstindur,** der ähnlich wie der Snæfellsjökull als Energiezentrum gilt. Highlight des Ortes sind die 34 Steineier von Sigurður Guðmundsson entlang der Mole in Gleiðivík.

## Hotel

**Hotel Framtíð** €€€

Hotel, auch Hütten und Apartments; das Frühstück kostet extra. Restaurant (€€) mit guten Fischgerichten und selbst gebackenem Brot.

• Tel. 478 8887 | www.hotelframtid.com

# Höfn 🔢 [G4/5]

Die Stadt (1700 Einw.) mit bedeutendem Fischereihafen liegt am Fuß des Vatnajökull. Der »Wassergletscher« lockt Abenteuertouristen.

Das **Heimatmuseum** im ältesten Haus Höfns (1864) zeigt mehrere gelungen Ausstellungen über die Geologie des Vatnajökulls und die Geschichte des Ortes (Mai–Mitte Sept. tgl. 8–20 Uhr). Zum Museum gehören auch die separaten Gebäude **Mikligarður** und **Skeiðarskemman,** ein ehemaliges Lagerhaus. Beide haben die Lebensumstände der Fischer zum Thema (im Sommer tgl. 8–20 Uhr).

**Gletschertouren** beginnen und enden an der 800 m hoch gelegenen Hütte **Jöklasel,** die man über die Piste F 980 erreicht. Tourunternehmer wie Glacier Jeeps (Tel. 478 1000 oder 894 3133, www.glacierjeeps.is) übernehmen den Transfer ab Höfn. **50 Dinge** ⑥ › **S. 12.**

Ein tolles Erlebnis ist ein **Rundflug** über das Gletscherplateau – allerdings nur bei sehr guten Wetterbedingungen (Eagle Air, Tel. 562 4200, www.eagleair.is).

Die liebevoll arrangierte, private Steinsammlung **Huldusteinn** *(Steinasafn)* befindet sich im alten Schwimmbad. V. a. die Außenanlage ist apart (Hafnarbraut 11, Tel. 478 2240, Sommer tgl. 12–18 Uhr).

## Info

**Tourist-Information**
• Gamlabúð (am Hafen) | Tel. 470 8330 www.vatnajokulsthjodgardur.is Juni–Aug. 8–20, Mai, Sept. 9–17, Okt.–April 9–13 Uhr

## Verkehr

• **Flughafen:** Ca. 4 km nordwestl. von Höfn, Linienflüge nach Reykjavík und Egilsstaðir, Info: Eagle Air, Tel. 562 2640, www.eagleair.is

## Unterkünfte

**Hotel Edda** €€€

Großes Gästehaus in der Meeresnähe.
• Ránaslöð 3 (am Hafen) | Höfn Tel. 444 48 50 | www.hoteledda.is 15.Mai–25.Sept.

**Hostel Höfn** €

Ganzjährig geöffnet, gute Ausstattung.
• Hvannabraut 3 | Höfn Tel. 478 1736 | www.hostel.is

**Camping Höfn** €

Gepflegter Platz an der Hauptstraße.
• Hafnarbraut 52 | Höfn Tel. 478 1606 | www.campsite.is

## Restaurants

**Hornið** €–€€

Guter Kaffee, leckerer Kuchen und das Spezialgericht: Hummerkrabben.
• Hafnarbraut 42 | Höfn | Tel. 478 2600

**Ósinn** €–€€€

Hotelrestaurant; neben Burgern auch Hummer.
• Víkurbraut 24 | Höfn | Tel. 478 1240

# SÜDEN

**Kleine Inspiration**

- **Auf den Hügel** an der Gletscherlagune Jökulsárlón steigen und die Enten und Robben beobachten › S. 123
- **Die Mitternachtssonne** in Skaftafell bewundern, wenn sie Islands höchsten Berg in irisierendes Rot taucht › S. 124
- **Eine Hütte in Hella** mieten und beim Blick auf den Fluss Rangá und seine Umgebung ganz und gar zur Ruhe kommen › S. 128
- **Auf die Hekla steigen,** die Aussicht genießen – und vielleicht den Eingang zur Hölle finden › S. 128

Reykjavik

**Einerseits dominiert der mächtige Vatnajökull den Süden, andererseits prägt Landwirtschaft die Region. Wanderungen in Skaftafell oder in den Lavafeldern der Lakagígar begeistern Naturliebhaber.**

Der Süden vereint alles, was Island ausmacht: Gletscher, Vulkane, Pferde, Wasserfälle und Sagas.

Der östliche Teil ist vom Gletscher Vatnajökull geprägt. Zwischen Höfn und Jökulsárlón befinden sich zahlreiche Höfe. Das Gebiet weiter westlich dagegen wurde von Gletscherläufen als Folge der Vulkanausbrüche unter dem Gletscher zerstört. Übrig sind nur noch die Sanderflächen, die sich von Skeiðarársandur bis Mýrdalssandur ziehen, unterbrochen nur vom Lavafeld Eldhraun.

Von Vík bis in den Westen dann reicht Islands wichtigste Agrarregion. Weideflächen ermöglichen Schaf- und Rinderzucht und bieten Platz für Pferdehöfe. Die breiten, schwarzen Strände, vor allem bei Vík, zählen mit zu den schönsten des Landes. Diese landschaftliche Vielfalt hat den Süden zu einem der beliebtesten Touristengebiete Islands gemacht.

Ein absoluter Höhepunkt der Region sind die vorgelagerten Westmänner-Inseln, von denen nur Heimaey bewohnt ist.

# Touren in der Region

**Tour 12**

## Im Bann des Gletschers

**Route: Höfn › Jöklasel › Jökulsárlón › Skaftafell › Kirkjubæjarklaustur › Lakagígar › Vík**

**Karte:** Seite 120
**Dauer:** 3 Tage (mit Wanderungen in den Lakagígar 4 Tage)
**Praktische Hinweise:**
• Zwischen Höfn und Kirkjubæjarklaustur gibt es keine Einkaufs-

möglichkeit, der Laden am Zeltplatz in Skaftafell bietet wenig.
• Für die Abstecher nach Jöklasel und zu den Lakagígar braucht man einen Geländewagen.
• Busse verkehren entlang der Ringstraße sowie zu den Lakagígar (nur Juli/Aug., ab Skaftafell und Kirkjubæjarklaustur nach Laki, 3,5 Std. Aufenthalt).
• **Glacierjeeps** bietet Touren nach Jöklasel auf dem Vatnajökull an (Tel. 478 1000, www.glacierjeeps.is).

Abenteuer zwischen Eisschollen: Gletscherlagune Jökulsárlón

## Touren im Osten, Süden und Hochland

**Tour ⑩ Rund um den Lögurinn**

Egilsstaðir › Hallormsstaðarskógur › Végarður › Skriðuklaustur › Egilsstaðir

**Tour ⑪ Die Fjorde entlang nach Höfn**

Egilsstaðir › Reyðarfjörður › Fáskrúðsfjörður › Stöðvarfjörður › Breiðdalsvík › Djúpivogur › Höfn

**Tour ⑫ Im Bann des Gletschers**

Höfn › Jöklasel › Jökulsárlón › Skaftafell › Kirkjubæjarklaustur › Lakagígar › Vík

**Tour ⑬ Von Vík zur Hekla**

Vík › Skógar › Hvólsvöllur › Hella › Hekla

## Tour-Start:

Von **Höfn** › S. 117 geht es auf der Ringstraße westwärts; kurz vor dem Ort Smyrlabjörg zweigt die relativ steile Jeeppiste F 985 zur **Jöklasel-Hütte** [F5] auf 840 m Höhe ab. Von dort werden Skidoo-Touren auf den **Vatnajökull** › S. 124 angeboten (Glacierjeeps › S. 119). Weiter geht es zur Lagune **Jökulsárlón** 12 › S. 123, auf der Eisberge treiben. Am Spätnachmittag kommt man in **Skaftafell** 13 › S. 124 an. Hier wird übernachtet, um am nächsten Tag eine Wanderung zwischen den Gletscherzungen zu unternehmen, z. B. zum Wasserfall **Svartifoss** [F5].

Eine Stunde dauert die Fahrt über die Schotterebene Skeiðarársandur bis zum nächsten Übernachtungsort **Kirkjubæjarklaustur** 15 › S. 125. Morgens bricht man dann in das fantastische Lavagebiet **Lakagígar** 14 › S. 125 auf – die Piste F 206 ist für Allradwagenfahrer ein tolles Erlebnis.

Wer ausgiebig wandern will, muss beachten, dass das Campen in den Lavafeldern verboten ist; die nächste Campingmöglichkeit besteht beim Hof Blágil. Ohne Wandertour kann man am Nachmittag noch nach **Vík** 16 › S. 125 fahren. Hier begeistern die schönen Strände und die Vogelfelsen.

## Tour 13  Von Vík zur Hekla

**Route:** Vík › Skógar › Hvólsvöllur › Hella › Hekla

**Karte:** Seite 120
**Dauer:** 3 Tage
**Praktische Hinweise:**
- Ein Auto ist v. a. für die Fahrt zu den Sagaschauplätzen unerlässlich.
- Von Hvólsvöllur lässt sich ein Abstecher ins Wandergebiet Þórsmörk einplanen › S. 127.

## Tour-Start:

Von **Vík** 16 › S. 125 erreicht man über den Abzweig Nr. 215 die Nehrung **Dyrhólaós** [D6]. Weiter westlich führt die 216 auf die Landzunge **Dyrhólaey** 17 › S. 126, hier kann man mit einem Amphibienfahrzeug durch den Felsdurchbruch an der Südspitze fahren. 40 km nordwestlich von Vík liegt der Wasserfall **Skógafoss** › S. 126 mit Museum. **Skógar** 18 › S. 126 ist ein idealer Ort für einen längeren Aufenthalt.

Am nächsten Tag fährt man nach **Hvólsvöllur** 19 › S. 127. Hier steht zunächst ein Besuch im Sagazentrum an, danach erkundet man einige Schauplätze der **Njáls saga.** Die 261 führt nach **Hlíðarendi** [D5], dem Hof von Njáls Freund Gunnar. 3 km weiter zweigt die Nr. 250 nach Süden ab. Schon von Weitem sieht man den 178 m hohen Hügel **Stóra-Dímon** [D5], an dem der erste Mord in der Saga verübt wird. Nachdem man die Ringstraße gekreuzt hat, geht es auf der Nr. 252 nach **Bergþórshvoll** [D5/6], wo Njál mit seiner Familie lebte. In einem Bogen entlang der Küste stößt man auf die Nr. 255, die zurück zur Ringstraße führt. Nordwestlich von Hvólsvöllur zweigt die

Nr. 264 ab zum **Hof Keldur** › S. 128, Heimat des Onkels von Njáls unehelichem Sohn. In einem Bogen gelangt man auf der 264 nach **Hella** 21 › S. 128 mit Übernachtungsplatz am Fluss Rangá. Am nächsten Tag erkundet man die Region um den Vulkan **Hekla** 22 › S. 128.

 ## Von Selfoss nach Hveragerði

**Route: Selfoss › Stokkseyri › Eyrarbakki › Þorlákshöfn › Hveragerði**

**Karte:** Seite 120
**Dauer:** 1 Tag
**Praktische Hinweise:**
• Täglich verkehren Busse zwischen Reykjavík und Selfoss, die auch die kleinen Orte anfahren.

### Tour-Start:

Die Fahrt auf kleinen Straßen von Selfoss entlang der Küste zu alten Fischerorten ist reizvoll. Je mehr man sich Þorlákshöfn nähert, desto breiter wird der Fluss Ölfusá.

Von **Selfoss** 23 › S. 129 geht es auf der Nr. 33 durch grünes Land, an etlichen Höfen vorbei. Wer Elfen und Trolle liebt, stoppt im Geistermuseum von **Stokkseyri** › S. 129 (Sommer tgl. 13–19 Uhr).

Nachdem man das Dorf verlassen hat, gelangt man auf die Nr. 34, die nach **Eyrarbakki** › S. 129 führt. Heimat- und Seefahrtsmuseum und der schöne Strand lohnen einen Aufenthalt. Die Nr. 34 führt über den Ölfusá, der hier mehr Lagune als Fluss ist. Ein Blick in den Hafen von **Þorlákshöfn** 24 › S. 129 lohnt schon wegen der großen Natursteinmauer. Weiter geht es auf der Nr. 38, wo rechts und links des Weges Höfe liegen. In der Umgebung von **Hveragerði** › S. 68 stehen mit geothermischer Energie betriebene Gewächshäuser; mitten im Ort liegt ein kleines Thermalgebiet.

### Wichtige Adressen
• Visit South Iceland: www.south.is
• Westmänner-Inseln:
  www.visitwestmanislands.com

# Unterwegs im Süden

## Vatnajökull-Nationalpark [E–F5]

### Gletscherlagunen 12 ⭐ 6
Arktisgefühl vermittelt eine Tour mit dem Amphibien- oder Schlauchboot auf den grandiosen Gletscherlagu-nen. Blassblaue Eisblöcke, die von der Gletscherzunge des Vatnajökull abbrechen, treiben im bis zu 180 m tiefen Wasser der **Jökulsárlón** (Tel. 478 2222, http://icelagoon.is, Café ganzjährig geöffnet). 10 km westlich davon liegt die ebenso großartige Lagune **Fjallsárlón** (http://fjallsarlon.is).

## Skaftafell 13 ⭐ [F5]

Schnüren Sie die Trekkingschuhe – es erwarten Sie sechs Haupttouren von einer bis zu sieben Stunden Dauer und zahlreiche Varianten. Dabei kommt man einer der Gletscherzungen des gigantischen **Vatnajökull** ⭐ recht nahe – und auf den umliegenden Bergen mit Höhen von 1000 bis 1500 m hoch hinaus. Gut zu bewältigen ist der Weg zum hübschen Wasserfall **Svartifoss** (ca. 90 Min.), dessen Kulisse ein Halbrund aus Basaltsäulen bildet.

1967 wurde der Skaftafell-Nationalpark gegründet, seit 2008 ist er Teil des größten europäischen Nationalparks Vatnajökull. **50 Dinge** ⑤ › S. 12. Skaftafell zeichnet sich durch seine vielfältige Flora und Fauna aus. Im Habitat mit Birkenwäldchen, Zwergstrauchheide oder Arktischen Weideröschen lassen sich Rotdrosseln, Alpenschneehühner, Bergfinken und viele andere Vogelarten beobachten.

Weht der Wind aus Nordwesten, beschert Föhn dem Park häufig mildes Wetter – die meisten Wolken regnen bzw. schneien sich dann an der Nordwestseite des Vatnajökull-Massivs ab. Der Gletscher bedeckt eine Fläche, die etwa halb so groß ist wie Schleswig-Holstein, unter seinem stellenweise 1000 m dicken Eispanzer verbergen sich aktive Vulkane wie die Grímsvötn. Beim letzten Ausbruch Ende 2011 stiegen die Aschesäulen 13 km hoch.

### Info

**Skaftafell-Besucherzentrum**
• Tel. 470 83 00
  www.vatnajokulsthjodgardur.is
  Mai–Sept. 9–19 Uhr, während der übrigen Monate entsprechend kürzer

### Unterkünfte

**Hótel Skaftafell** €€€
Große Zimmer, nur 4 km vom Nationalpark entfernt an der Ringstraße.
• Freysnes
  Fagurhólsmýri
  Tel. 478 1945
  http://hotelskaftafell.is

**Camping Skaftafell**
Der große Zeltplatz mit Cafeteria liegt gleich am Info-Center.
• Tel. 470 8300

Majestätische Landschaft bei Skaftafell

## Lakagígar 14 ⭐ [E5]

Über 100 Krater reihen sich 27 km entlang der Spalten, die vom Vatnajökull bis in den Südwesten verlaufen. Der Berg **Laki** (818 m) gliedert die Spalten in zwei gleich große Teile. Vom Berg hat man einen guten Blick auf die Kette. ❗ Die Atmosphäre dieser Lavalandschaft ist einzigartig: kaum ein Geräusch, und ein Farbenspiel von Graugrün über Rot bis Schwarz. Die Folgen des Laki-Ausbruchs 1783/84 waren für das Land verheerend: 14 Höfe wurden zerstört und Weiden und Oberflächengewässer tödlich verseucht. Das Lavafeld **Eldhraun** geht auf diesen Ausbruch zurück.

## Kirkjubæjar-klaustur 15 [E5]

Schon im Namen der 130-Seelen-Gemeinde am Ostrand des kargen Mýrdalssandur steckt die Bezeichnung »Kirche«: Zwischen dem 11. und 16. Jh. existierte an dieser Stelle eine Benediktinerinnen-Abtei, von der nur noch Reste sichtbar sind. Vermutlich lebten irische Mönche hier schon vor der Landnahmezeit. Außerdem ragen nahe dem Campingplatz Kleifar, an der Straße 203, wundersam abgeschliffene Endstücke unterirdischer Basaltsäulen auf, die bildhaft *Kirkjugólfð*, Kirchenfußboden, genannt werden.

### Info

**Tourist Info**

• Skaftárstofaklausturvegur 10
  Kirkjubæjarklaustur

Tel. 487 4620
www.visitklaustur.is
19. April–15. Okt. tgl. 10–17 Uhr

### Unterkunft

**Gästehaus Klausturhof** €€

Einfache, individuell eingerichtete Zimmer auch mit Schlafsack zu mieten. Restaurant im Haus.

• Klausturveg. 1–5 | Kirkjubæjarklaustur
  Tel. 567 7600 | www.klausturhof.is

## Vík 16 [D6]

Der südlichste Küstenort Islands ist das Dienstleistungszentrum der Region. Den Anblick der Küste genießen kann man am besten am südlich gelegenen tiefschwarzen **Reynisfjara-Strand,** der als einer der schönsten Lavastrände Europas gilt. **50 Dinge** ㉗ › S. 15. Am direkt an Vík angrenzenden Abschnitt erinnert ein Denkmal »an die Seeleute, die in der deutschen Islandfahrt ihr Leben verloren«, und an die isländischen Retter, die Schiffbrüchige vor dem Tod bewahrten.

### Info

**Tourist-Info**

Hier ist auch das Besucherzentrum des Katla-Geoparks (www.katlageopark.is).

• Brydebúð | Vikurbraut 28 | Vík
  Tel. 487 1395 | www.visitvik.is
  Mai–Aug. Mo–Fr 8–18,
  Sa, So 11–17 Uhr

### Hotels

**Hótel Katla-Höfðabrekka** €€€

Idyllisch gelegenes Haus mit geräumigen Zimmern, Restaurant und vier Hot Pots.

Schwarzer Sandstrand bei Dyrólaey

• 5 km östlich von Vík
Tel. 487 1208
www.hofdabrekka.is

**Hotel Edda €€€**
Großes Haus in toller Lage neben den
Víkurhamrar-Klippen, sehr gutes Hotelrestaurant mit Meerblick. Auch Sommerhäuser.
• Klettsvegur 1–5 | Vík | Tel. 444 4840
www.hoteledda.is

## Dyrhólaey 17 [D6]

Nahe Skeiðflötur zweigt die leider
schlechte Straße 218 zum **Kap Dyrhólaey** ab, dem südlichsten Punkt
des »festländischen« Island mit
schwarzem Sandstrand und Leuchtturm. Markenzeichen am Kap ist
ein gewaltiger Steinbogen, ein Werk
der Wellen, der auch den Namen
gab: Türhügelinsel. Da an der Küste
Seevögel brüten, darf man das Gebiet erst ab Ende Juni befahren.

## Skógar ⭐ 18 [D6]

Der kleine Ort wartet mit einem
Wasserfall auf, dem 62 m hohen
und fast 25 m breiten **Skógafoss**,
der vom Schmelzwasser der Gletscher Eyjafjallajökull und Mýrdalsjökull gespeist wird. Etwas oberhalb
des Wasserfalls liegt ein Aussichtspunkt. **50 Dinge** ㉘ › S. 15.

Nicht weit vom Wasserfall befindet sich, zusammen mit einem
Torfhaus-Ensemble, das **Volkskun-
de- und Heimatmuseum.** ❗ Es ist
wohl das beste seiner Art im Land
und enthält eine umfangreiche
Sammlung alter Geräte, Werkzeu-
ge, Maschinen aus der Landwirtschaft, Fahrzeuge, Boote und Woh-
nungseinrichtungen. Wer Glück
hat, trifft den rührigen Sammler,
der das Museum eingerichtet hat
(Juni–Aug. tgl. 9–18, Sept.–Mai 10
bis 17 Uhr, Tel. 487 8845, www.
skogasafn.is).

## Unterkünfte

**Hotel Edda** €–€€
Sommerhotel mit Zimmern ohne Bad, aber mit gutem Restaurant. Geöffnet Ende Mai–Ende Aug.
• Skógar | Tel. 444 4830
  www.hoteledda.is

**Camping Skógar**
❗ Schöner Platz nahe beim Wasserfall.
• Skógar | Tel. 487 8950

# Hvolsvöllur 19 [D5]

Der Ort entwickelte sich ab den 1930er-Jahren zu einem Dienstleistungs- und Handelszentrum der Region. Er ist nicht überaus attraktiv, aber ein guter Ausgangspunkt für Erkundungen auf den Spuren der berühmten Njáls saga, einem Drama um den Rechtsgelehrten Njál Þórgeirsson, dessen Freund, den Krieger Gunnar, und ihre Frauen.

Eine gute Einführung bietet das **Sagazentrum,** wo auch in einer Ausstellung die Hintergründe aus Islands Wikingerzeit beleuchtet werden. Hier erhält man eine Karte mit den wichtigsten Schauplätzen der Njáls saga in der Umgebung › **S. 122** (Sögusetrið, Hliðarvegi 16, Tel. 487 8781, Mitte Mai–Mitte Sept. tgl. 9–18 Uhr, www.njala.is).

# Ausflug nach Þórsmörk 20 ★ [D5]

Die Piste F 249 in das großartige Naturreservat ist aufgrund etlicher reißender Furten nur von sehr erfahrenen Allradfahrern zu bewältigen. Es empfiehlt sich, für diesen Abstecher den Bus zu nehmen (ab Hvolsvöllur, Mitte Juni–Mitte Sept., www.trex.is, auch Buchung von Unterkünften).

Von der Ringstraße fährt man zunächst auf der 249 am **Seljalandsfoss** vorbei. Hier gibt es ein Stehcafé am einem großen Parkplatz, von wo aus ein Weg hinter dem Wasserfall vorbeiführt. Ziehen Sie sich dafür eine Regenjacke an! Der Weg ist gut zu erkennen.

Das Museum von Skógar mit dem Grassodenhof wird ständig erweitert

Schroffe Bergwelt in Þórsmörk

Weiter geht es auf der Piste über etliche Furten in das Tal »Wald des Thor« zwischen den Gletschern Mýrdals- und Eyjafjallajökull. Isländer kennen die Schönheit des Tals, und Wanderer schätzen es als besonders attraktives Gebiet, darum sind Hütten und Campingplätze der Wandervereine dort oft ausgebucht.

In drei bis vier Tagen kann man auf einem der bekanntesten Trails Islands, dem 54 km langen **Laugavegur**, bis nach Landmannalaugar › **S. 146** wandern.

## Hella 21 [D5]

In der Umgebung des kleinen Orts (810 Einw.) findet man zahlreiche Wohnkavernen, die noch vor der Landnahmezeit von keltischen Mönchen oder Einsiedlern zum Schutz vor Wind und Wetter in die weiche Erde gegraben wurden. Einige sind bis zu 6 m lang.

Ca. 3 km östlich von Hella zweigt die Straße Nr. 264 zum sehr schö-

nen Torfhof **Keldur** ab, der heute ein Museum ist. Schon um 1200 entstand die Haupthalle, gegen 1630 kamen weitere Gebäudeteile, 1875 dann die hübsche, wellblechverkleidete Kirche hinzu. Keldur ist vermutlich das älteste erhaltene Gebäude Islands und spielte auch eine Rolle in der Njáls saga (15. Juni bis 16. Aug. 10–17 Uhr, www.natmus.is).

### Unterkunft/Restaurant
**Árhús Hellu** €–€€
Alles an einem Ort: Infozentrum, Unterkünfte, Restaurant sowie ein großer Zeltplatz mit 28 Hütten in wunderschöner Lage. Bietet auch Touren und andere Outdoor-Aktivitäten an.
• Am Rangá-Ufer | Hella
 Tel. 487 5577 | www.arhus.is

## Ausflug zur Hekla 22 ★ [D5]

Die Straße 26 führt direkt zu Islands bekanntestem Vulkan, der Hekla. 1491 m hoch ist das Massiv, das sich aufgrund der häufigen Ausbrüche stetig verändert. Bis ins 17. Jh. galt die Hekla in ganz Europa als Tor zur Hölle – wie sonst hätte man die verheerenden Ausbrüche erklären sollen? 1104 zerstörte eine Eruption die blühende Landschaft und Höfe in Þjórsárdalur. Der längste Ausbruch dauerte zwei Jahre, und beim bislang stärksten Ausbruch im 20. Jh., 1947, wurde die Vulkanasche bis nach Finnland getragen.

Wer sich über die vielen Ausbrüche informieren möchte, sollte das **Hekla-Dokumentationszentrum** *(He-*

*klumiðstöðin)* am Fuß des Vulkans besuchen (ca. 20 km nördlich von Hella, im Sommer tgl. 10–21 Uhr, hier auch Infos über das Leirubakki-Gästehaus › **unten**).

### Hotel

**Leirubakki** €–€€€
Gemütliches Gästehaus mit Zeltplatz, an der Straße 26 zur Hekla gelegen. Die Besitzer bieten auch Reiterferien an.
• Tel. 487 8700 | www.leirubakki.is

# Selfoss 23 [C5]

Südislands größte Stadt (6900 Einw.) ist Sitz der größten Molkerei des Landes und ein wichtiger Verkehrsknotenpunkt. Die schöne Lage am Fluss Ölfusá, über die eine Hängebrücke führt, sowie ein breites Freizeitangebot – Wanderungen in der Umgebung, Angeln oder Golfen auf dem schönen Platz am Ölfusá-Ufer – lohnen einen längeren Aufenthalt.

### Info

**Árborg District Information Office**
• Eyravegur 2 | Selfoss
  Tel. 482 4241
  http://tourinfo.arborg.is
  Mai–Aug. tgl. 8–18, Sept.–April Mo bis Fr 8–16 Uhr

### Unterkunft

**Gesthús** €€
Gemütliche Hütten für vier Personen mit eigener Dusche/WC und Küche. Zentral und dennoch lauschig gelegen, zwei warme Pools. Angeschlossen ist ein schöner Campingplatz.
• Engjavegur | Selfoss
  Tel. 482 3585 | www.gesthus.is

# Stokkseyri und Eyrarbakki [C5]

Die beiden kleinen Fischerorte südlich von Selfoss wirken mit ihren recht gut erhaltenen alten Häusern wie Relikte aus den glorreichen alten Zeiten, als sie noch bedeutende Häfen und Handelsplätze waren.

**Húsið,** 1765 für einen dänischen Händler als Wohnhaus errichtet, ist das älteste Haus von Eyrarbakki und beherbergt jetzt, zusammen mit dem 1881 angebauten sogenannten Assistentenhaus, das **Árnessýsla-Heimatmuseum** (Eyrargata 50, Tel. 483 1504, Mai–Sept. tgl. 11–18 Uhr, www.husid.com).

Direkt hinter dem Húsið führt ein kurzer Weg zum **Seefahrtsmuseum** *(Sjóminjasafnið á Eyrarbakka).* Im Zentrum der Ausstellung steht ein Fischerboot aus dem Jahr 1915 (Túngata 59, Tel. 483 1504, Mai bis Sept. tgl. 11–18 Uhr).

### Restaurant

**Við Fjöruborðið** €€€
❗ Berühmt für seine Hummergerichte; sehr beliebt. Schöne Terrasse.
• Stokkseyri | Eyrarbraut 3a
  Tel. 483 1550
  www.fjorubordid.is

# Þorlákshöfn 24 [C5]

An den Stränden in der Nähe der Stadt (1500 Einw.) am breiten Ölfusá-Fjord entstanden Szenen des von Steven Spielberg 2006 produzierten Films »Flags of our Fathers« (Regie Clint Eastwood).

# Eis und Eruptionen hautnah

Islands Reiz sind die ungezähmten Naturgewalten, die sich Reisenden gut erschließen. Problemlos können Sie zischenden Geysiren, brodelnden Schlammtöpfen, donnernden Wasserfällen, Gletschern und heißen Thermalquellen nahe kommen.

## Vulkanausbruch (fast) live
Im **Volcano House** (Café, Mineralienausstellung) laufen stündlich ab 11 Uhr auf Englisch, bei Bedarf auch auf Deutsch, Filme über die Ausbrüche auf Heimaey und den des Eyjafjallajökull (2010).

Wer einen Ausbruch erspüren und erleben will, hat dazu die Möglichkeit im interaktiven Museum **Eldheimar** auf Heimaey. Zu sehen sind nicht nur die langen Eruptionen des Eldfell 1973, sondern auch die Entstehung und Entwicklung der Insel Surtsey im Süden der Westmännerinseln 1963.

Wie sich der Ausbruch des Eyjafjallajökull 2010 auf die Bauern dort auswirkte, sieht man in **Þorvaldseyri**.
- **Volcano House** [C5]
  Tryggvagata 11 | Reykjavík
  Tel. 555 1900 | www.volcanohouse.is
  Tgl. 10–21 Uhr (letzte Vorstellung).
- **Eldheimar** [D6]
  Suðurvegur | Gerðisbraut
  10900 Vestmannaeyjar
  Tel. 488 2700 | http://eldheimar.is
  28. April–14. Okt. tgl. 10.30–18,
  sonst Mi–So 13–17 Uhr
- **Þorvaldseyri Visitor Center** [D6]
  Þorvaldseyri | 861 Hvolsvöllur
  Tel. 487 57 57 | www.icelanderupts.is
  Juni–Aug. tgl. 9–18, Mai, Sept. 10–16,
  sonst Mo–Fr 11–16 Uhr.
  **50 Dinge** ㉟ › S. 16.

## Auf einen Gletscher
Gletschereis hat Island reichlich, und wer an der Südküste unterwegs ist, wird einen Abstecher auf den

Vatnajökull › S. 124 oder zu dessen **Gletscherlagunen** › S. 123 einplanen. Auch andere Gletscher sind zugänglich, z. B. der **Langjökull** (mit ca. 1025 km² zweitgrößter Islands), wo **Activity Group** im Sommer Snowmobil-Fahrten anbietet.

In eine Eishöhle des Gletschers geht es seit Juni 2015 mit **Into the glacier**. Ein aufregendes Erlebnis, v. a. weil man die Schichten der Jahrhunderte sieht.

- **Mountaineers of Iceland** [C5]
  Köllunarklettsvegur 2 | 104 Reykjavík
  Tel. 580 9900 | http://mountaineers.is
- **Into the glacier** [C5]
  Viðarhöfði 1 | 110 Reykjavik
  Tel. 578 2550 | http://intotheglacier.is

## Neue und bekannte Geysire

Vor den Augen einer Wanderergruppe brach am 29. Juni 2003 am Ende der Kerlingarfjöll-Piste, auf dem Weg zum Snækollur, urplötzlich der Boden auf, und heißer Schlamm, Dampf und Wasser schossen hervor: Seither gibt es auf Island einen Geysir mehr – wenn auch nur einen ganz kleinen, der zudem unregelmäßig spuckt. Das Kerlingarfjöll-Gebiet ist geologisch besonders aktiv.

Wer auf Nummer sicher gehen möchte, besucht die berühmten Springquellen im Thermalgebiet Haukadalur – eine besonders eindrucksvolle Fontäne produziert dort der **Strokkur** › S. 67.

## Wasserfälle in Mengen

Zu den schönsten Wasserfällen am Wegesrand zählen die bekannten Hraunfossar › S. 80 an der Straße 518 bei Reykholt. Auf über 1 km Breite quellen zahllose Kaskaden aus einem schwarzbraunen Lavafeld und ergießen sich in den Fluss Hvítá. Für Nachschub sorgt stets das Schmelzwasser des Langjökull.

Mit 198 m ist der **Glymur** am Hvalfjörður › S. 74 Islands höchster Wasserfall. Weitere beeindruckende Fälle sind **Gullfoss** › S. 68, **Skógafoss** › S. 126, **Dettifoss** › S. 104, **Goðafoss** › S. 99 und v. a. der **Dynjandi** › S. 86.

## Geführte Touren

Wer nicht auf eigene Faust losziehen will, kann sich einer organisierten Tour anschließen. Besuche von Lavahöhlen oder geothermischen Gebieten sind besonders spannend. Einige Anbieter verbinden das noch mit kleinen Abenteuern.

Touren kann man buchen im **Volcano House** in Reykjavík › S. 130 oder bei:

- **Iceland Travel** [C5]
  Skógarhlíð 12 | 105 Reykjavík
  Tel. 585 4300
  www.icelandtravel.is

Vulkanismus ist in Island allgegenwärtig

Ihr Namenspatron, St. Þorlákur, der einzige Heilige Islands (1130 bis 1193), war 1178 Bischof von Skálholt. Aus 56 Einzelteilen setzte Gunnstein Gíslason das Altarbild in der sehenswerten **Þorlákskirkja** zusammen (im Sommer geöffnet).

Wer sich für Glaskunst interessiert, findet im Atelier **Hendur í Höfn** fantastische Arbeiten. Die Künstlerin verwendet Asche vom Eyjafjallajökull und Sand vom nahe gelegenen Strand. Auch Kurse werden angeboten. Zudem gibt es ein reizendes Café (Unnubakka 10–12, Tel. 848 3389, Juni–Aug. Mo–Fr 12–17 Uhr, www.hendurihofn.is).

# Westmänner-Inseln

Felszacken und Steilwände, aus denen das Meer Höhlen herausgespült hat, schroffe Klippen und spitze

Klippen der Westmänner-Inseln

Gipfel künden davon, wie rau es hier zugeht: An mehr als 70 Tagen im Jahr pfeift der Wind mit mehr als 9 Beaufort – d. h. Sturmstärke – über die 15 Westmänner-Inseln hinweg, von denen lediglich die Hauptinsel Heimaey bewohnt ist.

Die Wetterstation am Stórhöfði, dem südlichsten Punkt Islands, gilt als windreichste Europas. Kein Wunder, dass hier die Wellen die Inseln fast täglich annagen – doch aus dem Erdinnern dringt dann und wann »Nachschub« empor, denn die *Vestmannaeyjar* sind, genau betrachtet, die Spitzen unterseeischer Vulkane, also auf flüssigheißem Grund gebaut. Vier Jahre (1963–1967) dauerte der unterseeische Ausbruch, der eine neue Insel schuf: Surtsey.

Den Namen verdanken die Eilande übrigens irischen Sklaven, von den ersten norwegischen Siedlern »Männer aus dem Westen« genannt, was von Island aus betrachtet natürlich nicht stimmt. Die »Westmänner« hatten ihren Herrn Hjörleifur, einen Halbbruder des ersten norwegischen Siedlers Ingólfur Arnarson, erschlagen und waren danach auf eine der Inseln geflohen.

## Hauptinsel
## Heimaey 25 ⭐ [D6]
### Die »Inselhauptstadt«
Wenn der Hafen in Sicht kommt, sieht man an dessen linker Seite die rostbraune Lavawand, die vom Ausbruch des Eldfell 1973 stammt. Der Ort **Heimaey** mit seinen 4300 Einwohnern wirkt beschaulich, obwohl er mit zu den wichtigsten Fischerei-

orten des Landes zählt. Ein wachsendes Straßennetz zieht sich über die 13,4 km² große Insel.

Wer auf dem Skólavegur in Richtung Ortszentrum geht, stößt an der Ecke zum Kirkjuvegur auf die hübsche, 1778 erbaute **Landakirkja,** eine der ältesten Steinkirchen Islands. Die Kirche, die nach dem Erdbeben wieder ausgegraben wurde, steht direkt neben dem Friedhof, dessen verschütteter Torbogen damals als Foto um die Welt ging.

Heimaey, Hauptort der Westmänner-Inseln

Das **Heimatmuseum** gewährt Einblicke in den Alltag der Bewohner Heimaeys, die vom Fischfang, zunehmend aber auch vom Tourismus leben. Mehrmals täglich wird ein Dokumentarfilm über den Ausbruch des Eldfell gezeigt (Ráðhúströð, Tel. 488 2045, www. sagnheimar.is, im Sommer tgl. 11 bis 17, Winter Sa 13–16 Uhr).

Früher durften im Sommer Vögel gejagt sowie Eier gesammelt und verzehrt werden, woraus sich der wagemutige Volkssport des Seilschwingens an steilen Klippen entwickelt hat.

Ein wunderbarer Ort, um sich die Fauna rings um die Inseln zu informieren, ist das **Naturkundemuseum und Aquarium** (Sæheimar, Heiðarvegur 12, Tel. 481 1997, www. saeheimar.is, im Sommer tgl. 10–17, im Winter Sa 13–16 Uhr).

Besuchen Sie Heimaey möglichst am ersten Wochenende im August (Zimmer vorbuchen!). Dann nämlich steigt das **Þjóðhátíð-Fest,** mit dem man an die Einführung der isländischen Verfassung 1874 erinnert. Junge Männer messen sich bei Seilschwing-Wettbewerben. Nachts versammeln sich Tausende vor Stapeln von Holzpaletten, die mit Benzin und Streichhölzern in ein Flammenmeer verwandelt werden.

## Info

**Tourist-Information**
• www.vestmannaeyjar.is
  www.visitwestmanislands.com

## Verkehr

• **Fährverbindung:** In den Sommermonaten fährt die Fähre »Herjólfur« (Tel. 481 2800, www.herjolfur.is) Mi–Mo fünfmal, Di viermal tgl. ab dem Festlandshafen **Landeyjahöfn/Bakki** nach Heimaey und wieder zurück; die Überfahrt dauert 40 Min.
• Von Reykjávik gibt es eine direkte Buslinie nach Landeyjahöfn, sodass der Ausflug auf die Westmännerinseln sogar als Tagestrip von der Hauptstadt aus machbar ist.
• **Flugverbindung:** Der Flugplatz liegt ca. 1,5 km südlich der Innenstadt von Heimaey (Transfer mit dem Taxi), mehrmals tgl. Flüge mit **Eagle Air,** Tel. 562 42 00 oder 562 26 40, www.eagleair.is.

## Hotels

**Hótel Vestmannaeyjar** €€€
Gut ausgestattetes Hotel im Ortskern
mit Jacuzzi, Sauna, Restaurant.
- Vestmannabraut 28 | Heimaey
  Tel. 481 2900
  www.hotelvestmannaeyjar.is

**Hreiðrið & Hrafnabjörg** €–€€
Gästehaus-Verband und Ausflugsanbie-
ter, die Unterkunftspalette reicht vom
bequemen Zimmer bis zur Schlafsackunterkunft. Fahrradverleih.
- Faxastíg 33 | Heimaey
  Tel. 481 1045 | http://tourist.eyjar.is

**Aska Hostel** €
Zentral gelegen in einem älteren Haus
und hübsch ausgestattet mit Gemein-
schaftsräumen. Wäsche kann gewaschen werden.
- Bárustíg 11 | Heimaey
  Tel. 662 7266 oder 698 6631

## Restaurant

**Slippurinn** €€–€€€
Die ehemalige Maschinenhalle bietet
zauberhafte Köstlichkeiten in tollem
Ambiente – eine Mischung aus Tradition
und Innovation.
- Strandvegur 76 | Heimaey
  Tel. 481 1515 | Mai–Sept. tgl.

## Auf der Insel unterwegs

Wer einmal einem aktiven Vulkan
zu Leibe rücken möchte, sollte den
halbstündigen Marsch vom Ort
hinauf zum dampfenden Krater **Eldfell**, der 1973 entstanden ist, nicht
scheuen – trotz der lockeren Lava
und der unterwegs zunehmend
warmen Erde, die beide gutes
Schuhwerk erfordern. Durch die
neue Lava gelangt man zur ehemaligen Ausgrabungsstelle **Pompeji des
Nordens**, wo jetzt das **Museum Eldheimar** › S. 130 faszinierende Einblicke in Vulkanausbrüche und ihre
Folgen gibt. U. a. ist hier die Entstehung der Insel Surtsey 1963 dokumentiert.

Weiter gen Norden liegt die Be-
festigungsanlage **Skansinn**, die die
Dänen Ende des 16. Jhs. anlegten.
Dort steht auch der Nachbau einer
Stabkirche, ein Geschenk der Nor-
weger.

Entlang der Küsten im Norden
erstrecken sich steil abfallende Klippen. Wer sie erklimmt, kann den
Ausblick genießen und Papageitaucher beobachten. **Heímaklettur** ist
dafür ideal sowie die Klippen
um **Herjólfsdalur** – ❗ hier gibt es
einen schönen Campingplatz. Dass
die Vögel an den großen Vogelfelsen
von Skarfatangi, Sæfjall und Ræ-
ningjatangi südlich des Helgafell
oder Kaplagjóta im Westen bzw.
Stóra-Klif, Litla-Klif und Ysti-Klet-
tur im Norden so scheu sind, ist ver-
ständlich – sie gelten auf der Insel
als Delikatesse.

Von der Inselsüdspitze **Stórhöfði**
sieht man gut die zahlreichen Nach-
barinseln.

Mit Tourunternehmen wie Viking Boat Tours (Tangagata 7, Tel.
488 4884, www.vikingtours.is) kann
man per Boot zu Felsvorsprüngen,
Klippen und Höhlen rund um Heimaey aufbrechen. Ein Ausflugsziel
ist z. B. die Höhle **Klettshellir** mit
toller Akustik.

Unterwegs auf der Piste zum Kverkfjöll

# HOCHLAND

**Kleine Inspiration**

---

- **Spazieren gehen** im Kerlingarfjöll, wo die Erde dampft und blubbert › S. 141
- **Baden** im Thermalgebiet Hveravellir › S. 142
- **Das intensive Blau** des 220 m tiefen Sees Öskjuvatn bewundern › S. 145
- **Über die bizarren Formationen** des Obsidianlavafeldes Laugahraun staunen › S. 146

Abenteuer in unberührter Natur, zwischen Gletschern, Flüssen und heißen Quellen, warten im Landesinneren auf Allradwagenfahrer, Wanderer und Mountainbiker.

Islands einsame Wildnis reicht vom Tal Kaldidalur im Westen bis zum Naturschutzgebiet Lónsöræfi im Osten. Im Norden grenzt das Hochland an den See Mývatn, im Süden begrenzen es die Gletscher Vatnajökull und Mýrdalsjökull. Schotter- und Lavaebenen, bizarrer Basalt, wuchtige Vulkankrater und das Eis der Gletscher sind die einzigen Begleiter hier im »Reich der Geächteten«, wo sich früher mit der Acht bestrafte Verbrecher oft versteckten, und nur mit Glück und Überfällen überleben konnten..

Durch die Jahrhunderte waren die beiden Pisten Kjalvegur und Sprengsandsleið wichtige Nord-Süd-Verbindungen, und auch die anderen Routen wurden als Reitwege genutzt. Doch das riesige, menschenleere Gebiet auf einer Höhe von rund 600 m ist nicht nur unwirtlich, sondern es birgt aufgrund seiner Wetterumschwünge auch Gefahren.

Gerade an nebelverhangenen Tagen hat diese Landschaft ihren besonderen Reiz. Die Farben der Pflanzenkissen leuchten umso intensiver, und die bizarren Lavaskulpturen scheinen an manchen Strecken zum Leben zu erwachen.

Bei Reisen in das Gebiet muss aber unbedingt beachtet werden, dass es keine Versorgungs- oder Tankstellen gibt und Mobiltelefone nur bedingt funktionieren!

# Touren in der Region

## Kjölur und Sprengisandur

**Route: Reykjavík › Gullfoss › Kerlingarfjöll › Kjölur › Hveravellir › Blanda › Akureyri › Goðafoss › Sprengisandur › Nýidalur › Reykjavík**

Karte: Seite 120
Dauer: mindestens 2 Tage

**Praktische Hinweise:**
- Wer die Strecken selber fahren möchte, braucht für Sprengisandur einen Geländewagen und Erfahrung mit dem Furten von Flüssen.
- Beide Strecken befahren Busse von Ende Juni bis Ende August täglich: die Sprengisandur-Route (Landmannalaugar–Mývatn und Gegenrichtung, Fahrzeit 10 Std.) mit 20- bis 45-minütigen Stopps in

Hrauneyjar, Nyidalur, Aldeyjarfoss
und Fossholl/Goðafoss sowie die
Kjölurstrecke (Reykjavík–Akureyri
und umgekehrt, Fahrzeit 9 Std.),
mit längeren Pausen bei Geysir,
Gulfoss und Hveravellir.
• Fahrpläne und andere detaillierte
Infos zu den Strecken unter
http://nat.is/travelguideeng/
bus_stop_the_interior.htm.

## Tour-Start:

Beide Nord-Süd-Pisten, Kjölur wie
Sprengisandur, garantieren unver-
gleichliche Naturerlebnisse, Weite
und Stille. Von **Reykjavík** › S. 55
kommend, passiert man zunächst
die berühmtesten Sehenswürdigkeiten am **Goldenen Kreis:** Geysir,
Strokkur › S. 67 und Gullfoss › S. 68.

Nur wenig nördlich des Gullfoss
geht die Teerstraße dann in eine
gute Schotterpiste über: Die **Kjölur-
(Kjalvegur-)Route** (Straße Nr. 35)
› S. 141, die vom Gullfoss zwischen
den Gletschern Langjökull und
Hofsjökull ins Blöndudalur im Norden führt, ist sicher die am leichtes-
ten zu befahrende Hochlandroute.
Flussquerungen wurden durch
Überbrückungen entschärft, damit
die schweren Baufahrzeuge zum
inzwischen längst fertiggestellten
Blöndulón-Damm gelangen konnten. Die verbesserte Trasse mindert
die landschaftlichen Reize jedoch
überhaupt nicht: Schroffe Täler und
weite Schotterebenen, heiße Thermalquellen und Solfataren reihen
sich entlang der 185 km langen
Strecke.

Die Verbindung über die Kjölur-
Hochebene als Inlandspassage wurde schon im Mittelalter genutzt. Der
alte Weg »Kjal« verläuft westlich der
heutigen Straße (35).

Die Straße windet sich zunächst
über den 610 m hohen Pass **Bláfells-
háls** [D4], von dem man einen tollen
Blick nach Süden hat. Auf der weiteren Fahrt erblickt man im Westen
den Gletscher **Langjökull** [D4], dessen Randgebiete sich immer wieder
anders präsentieren. Weiter nord-
östlich ragen die markanten Gipfel
des Gebirges **Kerlingarfjöll** `28`
› S. 141 und der Gletscher **Hofsjökull**
[D/E4] auf. Vorbei geht es am Lavafeld Kjalhraun, an dessen Nordrand
das Thermalgebiet **Hveravellir** `30`
› S. 142 liegt; das Straßenschild zum
Thermalgebiet, das man über einen
abzweigenden, gut befahrbaren
Schotterweg erreicht, ist nicht zu
übersehen. In Richtung Norden
bessert sich der Zustand der Piste
immer mehr.

Auf dem Weg nach Hveravellir

137

Man fährt nun durch das Moorland Auðkúluheiði mit dem großen Stausee **Blöndulón** [D3]. Die Nr. 35 endet dann am Kraftwerk **Blanda** 31 › S. 142, von dem es nicht mehr weit bis zur Straße Nr. 1 nach **Akureyri** › S. 95 ist, wo man übernachtet.

Der zweite Tag führt entlang dem Fluss Skjálfandafljót über die **Hochlandpiste Sprengisandur (F 26)** › S. 142 zurück nach Süden. Sie folgt weitgehend jenem Weg, den man einst zu Pferd von den Ostfjorden nach Þingvellir ritt. Erst 1933 befuhr erstmals ein Auto die 213 km lange, landschaftlich höchst reizvolle Strecke – inzwischen sind auf ihr Überland-Linienbusse und Allradwagen ebenso unterwegs wie Mountainbiker und Motorradfahrer.

Im Nordosten markiert die Straße Nr. 842 durch das Bárðardalur ab **Goðafoss** › S. 99 den Beginn der anschließenden Piste F 26, die eigentliche Sprengisandur-Route. Grauschwarze Hochlandwüste dominiert für 70 km den Weg – einen Abstecher lohnt das Thermalgebiet **Laugafell** 32 › S. 142 –, dann endlich taucht wie eine Oase im Nichts **Nýidalur** 34 › S. 143 auf, seit Jahrhunderten ein beliebter Rastplatz. In der Nachbarschaft liegen die Gletscher Hofsjökull und Tungnafellsjökull.

Der südliche Teil der Strecke ist bedeutend flussreicher. Bei Kilometer 147 muss eine Furt durch die Svartá bewältigt werden. Nach Passieren des **Hochlandzentrums Hrauneyjar** 35 › S. 144 und dem Verlassen der Piste F 26 bei dem Kraftwerk Búrfell geht es durch das grüne Þjórsárdalur zurück nach Reykjavík.

# Öskjuleið (F 88)

**Route: Mývatn** › **Ódáðahraun** ›
**Herðubreiðarlindir** › **Askja** ›
**Kverkfjöll** › **Mývatn**

**Karte:** Seite 120
**Dauer:** 2 Tage
**Praktische Hinweise:**
- Nehmen Sie ausreichend Lebensmittel und vorsichtshalber auch ein Zelt mit, denn die Hütte Sigurðarskáli in Kverkfjöll › S. 146 könnte ausgebucht sein.
- Die Tour ist nur mit dem Geländewagen machbar. Tankstellen gibt es lediglich am Mývatn.

## Tour-Start:

Die F 88 führt am Rand von Islands [!] größtem zusammenhängendem Lavafeld vorbei – dem **Ódáðahraun,** auch bekannt als die »Wüste der Geächteten«. Hierher flüchteten im Mittelalter Gesetzlose, die beim Alþing für vogelfrei erklärt wurden. 5000 Jahre alte Lava, Sand und Palagonitberge prägen den Eindruck, schwarz, abweisend und trocken. Mit heftigen Sand- und Staubstürmen muss man stets rechnen – für Wüstenfans ein Hit!

Die einst schwierig zu befahrende Piste F 88, eine Stichstraße zum Nordrand des Vatnajökull, wurde in den vergangenen Jahren geebnet, es blieben jedoch einige Furten erhalten. Die Piste zweigt 33 km östlich vom Mývatn-Zentrum **Reykjahlíð** › S. 101 kurz vor der Brücke über den Jökulsá á Fjöllum von der Straße 1 ab.

**SPECIAL**

# Tipps für Allradwagenfahrer

Noch immer müssen isländische Rettungskräfte viele Autos aus den Gletscherflüssen im Hochland bergen. So sehr manche Fahrer die Kraft des Wassers unterschätzen, so sehr überschätzen sie ihr eigenes Können. Zur Lebensgefahr gesellen sich hohe Kosten für die Rettung und Schäden am Wagen, die keine Versicherung übernimmt.

Nachdem die meisten Pisten so weit geebnet wurden, dass Schotter und Geröll nicht mehr die größten Hindernisse sind, bleiben vor allem die unberechenbaren Flüsse – Reifen werden in Sekunden unterspült, die Zündung fällt durch eindringendes Wasser aus.

Faustregeln: Morgens ist der Wasserstand in Gletschernähe am niedrigsten. Gegen Mittag hin schwellen die Gewässer wegen des vermehrten Schmelzwassers an. Alle Furten sollte man, auch wenn man im Konvoi hindurchfährt, vor der Durchquerung zu Fuß durchwaten – und zwar gegen die Strömung. Vor allem in der Mitte der Flussläufe finden sich oft tiefe, ausgewaschene Rinnen. Ist die Strömung zu stark, sollten Sie sich anseilen. Blindes Vertrauen ist hier keinesfalls angebracht: Folgen Sie weder fremden Reifenspuren, die zu einer vermeintlichen Furt führen, ohne sie zu prüfen, noch anderen Autofahrern, die ohne vorherigen Test mit Vollgas durchs Wasser rasen. Umsicht ist eine wichtige Tugend – wie bei allen Risiken bergenden Aktivitäten, so auch beim Fahren eines Allradwagens im Hochland.

Die Termine für die Öffnung der Pisten nach dem Winter (meist Anfang Juli–Ende Aug.) legt das isländische Straßenamt Vegagerðin fest (online abrufbar unter www. vegagerdin.is; erfragen kann man sie unter Tel. 1777 oder 522 1000).

Die F 88 führt an Islands größter Lavawüste vorbei, ein surrealer Traum in Grauschwarz, bis man zu der Oase **Herðubreiðarlindir** 36 › S. 144 gelangt, in unmittelbarer Nähe zum schönsten Berg des Landes, dem **Herðubreið** › S. 144. Weiter geht es anschließend durch Sand und Bimsstein bis zur Caldera des berühmten Vulkans **Askja** 37 › S. 145 mit dem See Öskjuvatn und dem Kratersee Víti. 14 km weiter südlich an der F 910 befindet sich das jüngste Lavagebiet Holuhraun.

Über den Gletscherfluss Jökulsá á Fjöllum geht es Richtung Osten an den Rand des **Vatnajökull** › S. 124. Hier sind die Gletscherhöhlen im Gebirge **Kverkfjöll** 38 › S. 146 das Ziel. In der großen Hütte Sigurðarskáli kann man übernachten, bevor man am nächsten Tag zum Mývatn zurückfährt.

# Fjallabaksleið nyrðri und Landmannaleið

Tour 17

**Route: Kirkjubæjarklaustur › Eldgjá › Landmannalaugar › Hekla › Reykjavík**

**Karte:** Seite 120
**Dauer:** 1 Tag
**Praktischer Hinweis:**
- Aufgrund der zahlreichen Flüsse in dieser Region gibt es entsprechend viele Furten, die aber gut zu passieren sind.
- Man benötigt auf jeden Fall einen Geländewagen.

- Die Verbindung Skaftafell–Reykjavík bzw. umgekehrt wird vom 20. Juni bis 7. Sept. täglich per Bus bedient (Fahrzeit 11 Std.), mit ca. 2,5 Std. Halt in Landmannalaugar und einem ca. 1-stündigen Stopp an der Eldgjá (www.nat.is/travelguide eng/interior_travelguide.htm).

## Tour-Start:

Etwa 20 km westlich von **Kirkjubæjarklaustur** 15 › S. 125 zweigt die F 209/F 208 nach Norden ab, eine rund 80 km lange, schon seit Jahrhunderten bedeutende Ost-West-Verbindung, die stellenweise bis auf 1000 m Höhe hinaufführt. Sie ist eine der landschaftlich schönsten Strecken Islands mit eindrucksvollen Fotomotiven – weite grüne Areale, Wasserfälle und Flüsse, Hochweiden, enge Schluchten und moosbewachsene Lavazungen.

Etwa auf der Hälfte der Strecke erreicht man die Vulkanspalte **Eldgjá** 39 › S. 146. Anschließend geht es weiter zu den größten Rhyolithbergen des Landes in **Landmannalaugar** 40 › S. 146, einem 400 km² großen Rhyolithgebiet mit spektakulären Farbspielen und heißen Thermalquellen, die zum entspannenden Bad einladen.

Am Ende der Strecke fährt man durch das große Lavafeld Sólvahraun, das sich nördlich des Vulkans Hekla erstreckt. Wilde Spalten und Krater, bedeckt von schwarzer Asche, durchziehen das Feld. Bei **Hella** 21 › S. 128 trifft man dann wieder auf die Ringstraße.

# Unterwegs im Hochland

## Kjölur-Route (Nr. 35)

### Hagavatn 26 [D4] und Hvítárvatn 27 [D4]

Wenige Kilometer nach Beginn der Piste am Gullfoss zweigt ein nur für Jeepfahrer geeigneter Track zu dem kleinen, tiefblauen Gletschersee **Hagavatn** ab. Im See, in dem drei Forellenarten leben, spiegelt sich an windstillen Tagen die zerfurchte, eisige Ostzunge des Langjökull.

Auch den Track zum **Hvítárvatn**, der hinter dem Bláfellsháls-Pass abzweigt, sollten nur Jeeps befahren, denn zweimal ist die tiefe Svartá zu furten. Noch vor wenigen Jahren trieben Eisberge auf dem 30 km² großen Gletschersee, doch die Gletscherzungen haben sich so weit zurückgezogen, dass sie nicht mehr in den See reichen.

### Hütten

**Hagavatn** €

12 Plätze ohne Küche und Heizung.

• Am Ostufer des Hagavatn
  Tel. 568 2533 | www.fi.is

**Hvítárnes** €

30 Plätze, ohne Küche und Heizung, aber sehr schön gelegen.

• ca. 8 km südöstlich des Hvítárvatn
  Tel. 568 2533 | www.fi.is

**Þjófadalir** €

12 sehr einfache Plätze für Wanderer am Gletscherrand des Langjökull.

• Tel. 568 2533 | www.fi.is

## Kerlingarfjöll ⭐ 28 [D4]

Das beeindruckende Gebirgsmassiv erstreckt sich vom südöstlichen Teil des Kjölur bis an den südlichen Gletscherrand des Hofsjökull. Die

Im Kerlingarfjöll gibt es viele warme Quellen, in denen man baden kann

höchsten Rhyolithgipfel in diesem zum Teil vergletscherten Gebirge sind Snækollur (1477 m), Loðmundur (1432 m) und Mænir (1335 m).

In den Tälern des farbenprächtigen Gebirges gibt es ❗ zahlreiche heiße Quellen und Solfataren, einige in direkter Nachbarschaft zu Schneefeldern. Es ist eines der besten Wandergebiete. Unbedingt in dem Hot Pot am Fluss entspannen!

### Unterkunft

**Kerlingarfjöll Outdoorzentrum €–€€€**
Hübsch an einem Hang, ganzjährig bewirtschaftet, Hütten mit Heizung, schöner Zeltplatz, Pool, Restaurant. Einladend ist das Hotel mit den hellen Zimmern.
• Tel. 6664 7000 und 664 7878
  www.kerlingarfjoll.is

## Beinahóll 29 [D4]

Von der Piste weist ein Schild in Richtung Osten zum Hügel Beinahóll, dem »Knochenhügel«, der daran erinnert, dass hier im Oktober 1780 drei Männer und ein Junge zusammen mit 180 Schafen und 16 Pferden bei einem Schneesturm erfroren.

## Hveravellir 30 ⭐ [D4]

Aus dem *Öskuhól* (Donnerkegel) zischt der Dampf, überall blubbert es; in den *Bláhver*, das wohl schönste »Blauwasserbecken« Islands mit 8 m Durchmesser, möchte man sich hineinlegen – doch Vorsicht, das Wasser ist 90 °C heiß! Kieselmineralien schufen auch an anderen Bassins mit Namen wie *Grænihver* (Grünes Becken) oder *Meyrarauga* (Mädchenauge) bunte Ablagerun-

gen. Gute Wege führen fast bis zu den Quellen, und das heiße Wasser wird auch für einen Hot Pot genutzt, sodass man stundenlang in den warmen Sitzbecken entspannen kann (Eintritt für Hausgäste frei, sonst 500 ISK). Vorbei an zischenden Solfataren führt ein Holzsteg zu einem Torfhaus. Etwa 1 km südlich der Hütte liegt ein hoher Lavahügel, in dessen Spalten Geröll geschichtet wurde, den man als *Eyvindarrétt* (Schafsferch des Eyvindur) kennt.

### Unterkunft

**Hveravellir €€–€€€**
Zentrum mit diversen Übernachtungsmöglichkeiten, vom Zimmer bis zum Zeltplatz. Frühstück und Snacks.
• Tel. 452 4200 | http://hveravellir.is

## Blanda 31 [D3]

Hinter der Ebene Auvkúlheiði nähert man sich dem Blanda-Wasserkraftwerk *(Blöndustöð)*, das von 1984 bis 1988 an der Nordwestseite des heutigen 57 km² großen Stausees Blöndulón erbaut wurde. Wegen der an- und abfahrenden Mitarbeiter bringt es eine Menge Verkehr auf den letzten knapp 10 km bis zur Ringstraße mit sich.

# Sprengisandur-Piste (F 26)

## Laugafell 32 [E3/4]

Eines der Highlights an der Sprengisandur-Piste ist – etwas abseits der eigentlichen Piste – dieses 892 m hoch gelegene Thermalgebiet. In die heißen Quellen mit einer Wassertemperatur von über 40 °C taucht man vor allem dann gern ein, wenn man morgens aufwacht und sich vor dem Zelt mitten im Hochsommer eine Winterlandschaft ausbreitet … Das Badebecken soll von Þorunn Jónsdóttir angelegt worden sein, der Tochter des letzten katholischen Bischofs von Island, Jón Arason. Während einer Pestepidemie im 15. Jh. glaubte sie sich mit ihrer Familie hier sicher vor dem Schwarzen Tod.

### Hütten

Hütten (Juli/Aug. Tel. 822 5192) mit Campingplatz am Laugafell. Buchung über den **Touring Club of Akureyri**
• Tel. 462 2720 | www.ffa.is

## Fjóðungssalda 33 [E4] und Nýidalur 34 [E4]

Über die weite, kahle Ebene der Kies- und Schotterwüste Sprengisandur **50 Dinge** ㉙ › S. 15 sieht man an nebelfreien Tagen im Osten zum Vatnajökull, dessen Eiskappe im milchigen Himmel zu verschwinden scheint, aber auch zum kleineren Gletscher Tungnafellsjökull und im Westen zum Eismassiv des Hofsjökull. Am fast 1000 m hohen Schildvulkan **Fjóðungssalda** nahe Kilometer 81 befindet sich die geografische Mitte Islands.

Nächstes Ziel sind die Hütten im Hochtal **Nýidalur,** das nach der Wüste wohltuend grün ist. In den Hütten gibt es ein Faltblatt über die verschiedenen Wandermöglichkeiten in der Region, für die auch der Name Jökuldalur – Gletschertal – gebräuchlich ist.

### Hütten

Nýidalur €
Zwei bewirtschaftete Hütten mit 120 einfachen Lagern, daneben ein Zeltplatz. Unbedingt vorausbuchen, da hier oft Gruppen übernachten!
• Tel. 568 2533 | www.fi.is

Blauwasserbecken bei Heravellir

## Hochlandzentrum Hrauneyjar 35 [D5]

Das Hochlandzentrum fungiert als Versorgungsstelle im Hochland mit Gaststätte (€€–€€€), ❗ Zimmern aller Preisklassen sowie einer Schlafsackunterkunft. Auch eine Tankstelle gehört dazu.

Hrauneyjar ist ein ausgezeichneter Ausgangsort für Ausflüge, zudem werden hier Angellizenzen verkauft. **50 Dinge** ㉑ › S. 14.

### Info

**Hochlandzentrum Hrauneyjar**
• Tel. 487 7782 | www.hrauneyjar.is

## Öskjuleið (Askja-Piste, F 88)

### Herðubreiðarlindir 36 und Herðubreið ⭐ [F3]

In der Oase Herðubreiðarlindir, mitten in der Lavawüste **Ódáðarhraun,** machen Bäche zarten Pflanzenwuchs möglich. Mitte Juni nisten hier Kleine Riedgänse. Im Hintergrund ragt der 1682 m hohe Vulkan **Herðubreið** (Breitschulter) auf. **50 Dinge** ⑦ › S. 12.

Ein kleiner Steinhaufen in der Nähe der Berghütte erinnert an den

---

**SEITENBLICK**

### Held im Hochland

Mit einigem Respekt denken die meisten Isländer an Eyvindur Jónsson – was sicherlich an der romantisch verklärenden Dichtung von Jóhann Sigurjónsson liegt, der mit seinem 1912 veröffentlichten Drama dazu beigetragen haben mag, dass sich um den später Fjalla-Eyvindur genannten Outlaw zahlreiche Legenden ranken. So soll der 36-Jährige in der Lage gewesen sein, Arme und Beine zu Rädern zu formen und dadurch enorm schnell voranzukommen. Seine Frau Halla soll mit Elfen und Geistern in Kontakt gestanden haben, die das Paar im Hochland mit Lebensmitteln versorgten, und zwar in einer Höhle, deren Dach ein Pferdegerippe bildete.

Es heißt, Eyvindur habe als Junge einer alten Landstreicherin Käse gestohlen, die ihn daraufhin mit einem Fluch belegte. Nie mehr sollte er aufhören können zu stehlen – was Eyvindur in der Tat in größte Schwierigkeiten brachte. Wer vom Obersten Gericht in die Verbannung geschickt wurde, durfte während dieser Jahre und Monate von jedermann legal getötet werden – und wurde erst nach Ablauf der Strafe rehabilitiert.

Und so mussten sich der wegen Diebstahls verurteilte Eyvindur Jónsson aus Arnes an den Westfjorden und seine Frau Halla 1760 eiligst in eine einsame Gegend aufmachen. Das Paar versteckte sich zunächst an den Westfjorden, kam später aber nach Hveravellir und schaffte es, knappe 20 Jahre in der Wildnis zu überleben. Die beiden Outlaws ernährten sich von Schneehühnern oder von Schaffleisch, das sie in den heißen Quellen garten. Gemeinsam mit anderen Geächteten überfielen sie immer wieder Reisende und raubten ihnen vor allem warme Kleidung, Felle und andere Gebrauchsgegenstände. Das Paar soll glücklich miteinander alt geworden sein. Eyvindur Jónsson starb 69-jährig im Jahr 1783.

Den Ring des Kraters Víti füllt der Öskjuvatn, der tiefste See Islands

Geächteten Fjalla-Eyvindur › **Seitenblick S. 144**, der sich hier im Winter 1774/1775 unter unvorstellbar harten Bedingungen in einem kaum geschützten Erdloch vor seinen Verfolgern versteckte. Es grenzt an ein Wunder, dass ein Mensch ohne Ausrüstung und Feuer in der Wildnis überlebte.

## Hütte

**Þorsteinsskáli** €

Hütte mit 30 Schlafplätzen und warmer Dusche sowie Zeltplatz; Mitte Juni bis Ende Aug./Anfang Sept. ist ein Verantwortlicher vor Ort. Infostelle vorhanden.

• Tel. 462 2720 | www.ffa.is

## Askja 37 ⭐ [F3/4]

Durch rostbraune Lavafelder erreicht die F 88 den gewaltigen Einbruchkrater der Askja. Dieser Vulkan, Teil des ca. 4500 Jahre alten Dyngjufjöll-Massivs, war zum letzten Mal 1961 aktiv; bei dem Ausbruch wurden 11 km² Fläche von

Lava bedeckt. Die Caldera Askja (»Schachtel«) nimmt eine Fläche von 45 km² ein.

Durch eine gewaltige Explosion wurde 1875 der **Krater Víti** geboren, auf dessen Grund sich ein warmer See befindet. In Folge der Eruption senkte sich der Boden in der Caldera weiter ab, füllte sich mit Wasser und bildete so den 220 m tiefen, marineblauen **Öskjuvatn.** Am 10. Juli 1907 kamen der deutsche Geologe Walther von Knebel und sein Freund, der Maler Max Rudloff, bei der Erforschung des Vulkans ums Leben.

Der Ausbruch 2014 im Norden des Vatnajökulls produzierte ein neues riesiges Lavafeld, Holuhraun, das noch an einigen Stellen sehr warm ist.

## Hütte

**Dreki-Hütte** €

Einfacher Zeltplatz und 2 Hütten, die zusammen 60 Schlafplätze bieten.

• am Abzweig der F 894 von der
Piste F 910
Tel. 462 2720 | www.ffa.is

## Kverkfjöll 38 [F4]

Aktiv war das bis zu 1920 m hohe
Vulkanmassiv am Nordrand des
Vatnajökull zuletzt anno 1729, nun
ist die Caldera mit Eis gefüllt.

Nach Norden dringt der Gletscher Kverkjökull vor, und im Westen bilden die Quellen des großes
geothermischen Gebiets Hveradalur

---

**Erst-
klassig**

### Beeindruckende Natur-
phänomene

.................................................

• Die Allmännerschlucht, **Almannagjá**, ist die Nahtstelle zwischen europäischer und amerikanischer Kontinentalplatte. › S. 65
• Den bizarren Basaltfels **Hvítserkur** vor der Halbinsel Vatnsnes
bewohnen zahllose Vögel.
› S. 110
• Die **Lakagígar** bilden eine einzigartige Lavalandschaft in faszinierenden Farbtönen. › S. 125
• Die Wüste **Ódáðahraun** aus
Lava, Sand und Palagonitbergen
ist ein spezielles Erlebnis.
› S. 138
• Im **Kerlingarfjöll** stößt man
auf heiße Quellen und Solfatare
neben großen Schneefeldern.
› S. 142
• Der Obsidianstrom **Laugahraun**
gleicht, wenn man ihn durch-
wandert, einem märchenhaften
Labyrinth. › S. 146

---

Gletscherhöhlen und -tunnel, die
nicht zugänglich sind.

### Hütte

**Sigurðarskáli €**
Hütte mit 75 Schlafplätzen, Zeltplatz in
der Nähe.
• Tel. 863 9236
www.ferdaf.is

# Fjallabaksleið nyrðri und Landmannaleið

## Eldgjá 39 [E5]

Die mit 70 km längste Vulkanspalte
der Welt entstand bei einem Ausbruch 934. Einen guten Eindruck
von ihrer Ausdehnung erhält man
auf dem Berg Herðubreiðarháls
(769 m). Hier verläuft auch eine
5 km lange, bis zu 600 m breite und
200 m tiefe Schlucht.

Am **Ófærufoss** vermutete man
noch lange nach der Entdeckung
der Eldgjá 1893 den Eingang ins
Totenreich: Hier hatte das Wasser
eine gespenstisch wirkende Brücke
aus dem Basalt gewaschen.

## Landmannalaugar
40 12 [D5]

Das größte und einzigartige Rhyolithgebiet Islands besticht mit seinem Farbenreichtum: Von Rostrot
bis Ockergelb reichen die Nuancen,
dazwischen tiefschwarze Lavaströ-
me, dazu bizarre Felsformationen,
die wie versteinerte Menschen
wirken. **!** Mit seinen bis zu 40 m
hohen Lavaskulpturen gleicht das
Obsidianfeld **Laugahraun** einem

Rhyolithgestein prägt das Gebiet um die Quellen von Landmannalaugar

Labyrinth. Am Rand des erstarrten Lavastroms aus dem 15. Jh. dampfen Thermalquellen. Weil hier schon vor Jahrhunderten die Schafhirten aus dem Bezirk »Land« heiße Bäder genossen, gab man der beeindruckenden Landschaft im Zentrum des Naturschutzgebiets Fjallabak den Namen »Warme Quellen der Leute aus Land«.

Von der Piste F 208 führt südlich des Sees Frostastaðavatn eine Abzweigung zu den heißen Quellen. Daneben liegt der Campingplatz Landmannalaugar › **rechts**.

Der 912 m hohe Aussichtsberg **Suðurnámur** (Aufstieg ca. 1,5 Std.) bietet einen grandiosen Überblick über die Gegend: im Norden die idyllische Frostastaðavatn und das Maar Ljótipollur mit seinem Kratersee, im Nordosten die Wasserfläche der gestauten Tungnaá.

## Unterkünfte

**Hólaskól-Hochlandzentrum €–€€**
Große Unterkunft mit Duschen und WCs, Campingplatz angeschlossen. Hütten und Lodges.
• an der F 208, Nähe Eldgjá
  Tel. 855 5812
  www.eldgja.is

**Landmannahellir €–€€**
Im Westen des Naturschutzgebiets, Unterkunft in Hütten des Service-Zentrums, am Campingplatz Duschen und WCs. Gute Wandermöglichkeiten.
• Tel. 893 8407
  www.landmannahellir.is

**Landmannalaugar €**
Großer Platz mit Duschen, in der Hochsaison vorab in der Hütte reservieren! Verpflegung in begrenzter Form möglich. Verkaufswagen im Sommer.
• Tel. 860 3335 | www.fi.is

# EXTRA-TOUREN

# Rund um Island in drei Wochen

**Route:** Reykjavík › Þorlákshöfn › Eyrarbakki › Stokkseyri › Selfoss › Heimaey › Kirkjubæjarklaustur › Skaftafell › Höfn › Egilsstaðir › Myvátn › Akureyri › Blönduós (› Borgarnes) › Reykjavík

**Karte:** Klappe hinten

**Distanzen:**

Reykjavík › Þorlákshöfn 120 km; Þorlákshöfn › Eyrarbakki › Stokkseyri › Selfoss ca. 45 km; **Selfoss** › Landeyjar 65 km › Landeyjar › Heimaey 40 Min. Fähre; Landeyjahöfn › Kirkjubæjarklaustur ca. 200 km; **Kirkjubæjarklaustur** › **Skaftafell** ca. 70 km; **Skaftafell** › **Höfn** ca. 130 km; **Höfn** › Egilsstaðir ca. 250 km; **Egilsstaðir** › **Myvátn** ca. 170 km; **Myvátn** › **Akureyri** ca. 100 km; **Akureyri** › **Blönduós** ca. 160 km (Akureyri › Borgarnes ca. 315 km); **Blönduos** › **Reykjavík** ca. 250 km (Borgarnes › Reykjavík ca. 75 km)

**Verkehrsmittel:**

Da eine 1900 km lange Ringstraße um die Insel herumführt, ist die Tour sehr individuell gestaltbar und sowohl mit dem Auto als auch per Bus machbar. Wer den eigenen Pkw mitbringt, beginnt die Fahrt im Osten, in Seyðisfjörður: Dort legt die Autofähre aus Dänemark an. Das größte Mietwagenangebot gibt es in Reykjavík bzw. am Flughafen Kevlavík. Es ist auch möglich, von Reykjavík in einen der größeren Orte zu fliegen – Höfn, Egilsstaðir oder Akureyri – und dort einen Wagen zu leihen. Im Sommer befahren Busse täglich die komplette Ringstraße › S. 26. Von etlichen Stationen aus gibt es weiterführende Regionalverbindungen zu kleineren Orten. Man kann an jedem Punkt ein- und aussteigen. Buspässe › S. 26.

Für **Reykjavík** › S. 55 und seinen Ausflugsmöglichkeiten ins Umland wie Þingvellir › S. 64, **Geysir** › S. 67, **Strokkur** › S. 67, **Gullfoss** › S. 68 und Reykjanes mit der **Blauen Lagune** › S. 72 sollten Sie vier Tage veranschlagen.

Anschließend brechen Sie gen Südosten auf nach **Þorlákshöfn** › S. 129 und fahren über **Eyrarbakki** › S. 129 und **Stokkseyri** › S. 129 nach **Selfoss** › S. 129. Am Folgetag geht es nach **Landeyjahöfn [D6]**, wo Sie die Fähre nach **Heimaey** › S. 132 besteigen, der größten der **Westmänner-Inseln** › S. 132, die Sie zwei Tage lang erkunden. Am achten Reisetag nehmen Sie die Fähre zurück und fahren über **Skógar** › S. 126 mit dem Volkskundemuseum und **Vík** › S. 125 mit seinem schwarzen Strand nach **Kirkjubæjarklaustur** › S. 125. Von hier aus erkunden Sie am nächsten Tag per Jeep oder Bus die **Lakagígar** › S. 125, die Lavafelder um den Laki. Am übernächsten Tag geht es nach **Landmannalaugar** › S. 146, wo Sie wandern und in heißen Quellen baden können. Am elften Reisetag fahren Sie nach **Skaftafell** › S. 124; hier sollten Sie zwei Tage

Der Svartifoss im Skaftafell-Nationalpark

einplanen, um genügend Zeit für Wanderungen zu haben. Vorbei am Gletscher **Vatnajökull** › S. 125 und seinen **Gletscherlagunen** › S. 123 geht es am 13. Tag zum Übernachtungsstopp **Höfn** › S. 117. **Egilsstaðir** › S. 113 an der Ostküste ist Aufenthaltsort für die nächsten zwei Tage, um die Hafenorte an den Fjorden im Osten zu besuchen. Am 16. Tag fahren Sie auf der Ringstraße zum **Mývatn** › S. 100 und verbringen dort die nächsten zwei Tage mit Wanderungen oder Ausflügen zum Wasserfall **Dettifoss** › S. 104 und zur **Ásbyrgi-Schlucht** › S. 104. Vorbei am **Goðafoss** › S. 99 gelangen Sie am 18. Tag der Reise nach **Akureyri** › S. 95; hier sollten Sie zwei Nächte bleiben.

Über die Straße Nr. 1 geht es am 20. Tag zum **Torfhofmuseum Glaumbær** › S. 109 und weiter zum Übernachtungsstopp **Blönduós** › S. 110. Wenn Sie das Museum nicht besuchen möchten, können Sie an diesem Tag noch nach **Borgarnes** › S. 79 weiterfahren und am nächsten Tag vor der kurzen Rückfahrt nach Reykjavík die Gegend um **Reykholt** › S. 80 und **Húsafell** › S. 80 mit den Wasserfällen von **Hraunfossar** › S. 80 erkunden.

Wer ab Borganes auch die **Westfjorde** › S. 85 bereisen möchte, muss dafür einige Tage extra einplanen › **nächste Tour**. Von Blönduós oder Borgarnes aus gelangen Sie am 21. Reisetag wieder zurück nach Reykjavík.

# Tour 19 Der Westen in zwei Wochen: zwischen Hochland und Steilküste

**Route:** Reykjavík › Borgarnes › Hellissandur › Brjanslækur › Látrabjarg › Ísáfjörður › Hólmavík › Húsafell › Reykjavík

**Karte:** Klappe hinten

**Distanzen:**
Reykjavík › **Borgarnes** ca. 75 km; **Borgarnes** › **Hellissandur** ca. 130 km; **Hellissandur** › **Stykkishólmur** › **Brjanslækur** ca. 75 km plus 2,5 Std. Fährfahrt; **Brjanslækur** › **Látrabjarg** ca. 95 km; **Látrabjarg** › **Ísáfjörður** ca. 230 km; **Ísáfjörður** › **Hólmavík** ca. 220 km; **Hólmavík** › **Húsafell** ca. 210 km; **Húsafell** › **Reykjavík** ca. 140 km

**Verkehrsmittel:**
Idealerweise fährt man diese Tour mit dem Auto. Auf den Hauptstrecken kommt man auch mit Bussen voran, muss dann aber sehr gut planen: Einige Abschnitte, v. a. im Nordwesten, werden nicht täglich bedient. Zwischen Stykkishólmur und Brjánslækur verkehrt die Autofähre »Baldur« (http://de.seatours.is/FahreBaldur).

Drei Tage widmen Sie **Reykjavík** › S. 55 und Umgebung. Am vierten Tag der Reise geht es über **Akranes** › S. 79 zum **Borgarfjörður** [C4] – alternativ können Sie über die Hochebene (Straße Nr. 520) fahren und direkt weiter nach

Unterwegs in Richtung Vatnajökull – mit einem grandiosen Panorama

Reykholt. **Borgarnes** › S. 79 ist ein hübscher Übernachtungsstopp. Am nächsten Tag fahren Sie auf die **Snæfellsnes-Halbinsel** › S. 81, wo Strandspaziergänge und ein Gletscherausflug locken; für die Erkundung des Nationalparks am Fuß des Gletschers Snæfellsjökull empfiehlt sich **Hellissandur** › S. 82 als Standquartier für zwei Nächte.

Am siebten Tag steuern Sie **Stykkishólmur** › S. 84 an der Nordseite der Halbinsel an und nehmen dort die Nachmittagsfähre (Autofähre »Baldur«) in die Westfjorde. (Wer ohne Auto reist, kann einen zusätzlichen Tag auf der autofreien **Insel Flatey** › S. 85 verbringen.) Im Fährhafen **Brjánslækur** › S. 85 bleiben Sie über Nacht.

Einen ganzen Tag sollten Sie für die Fahrt zu den Vogelklippen bei **Látrabjarg** › S. 86 einplanen. Ein Gästehaus bietet hier komfortable Zimmer; am nächsten Tag schauen Sie sich auf der Fahrt nach Ísafjörður einen der schönsten Wasserfälle Islands an, den **Dynjandi** › S. 86. In diesem Gebiet lohnen viele Abstecher in kleine Orte und Wanderungen auf Berge oder entlang der Fjorde.

Von **Ísafjörður** › S. 87, wo Sie zweimal übernachten, werden Bootsfahrten nach **Hornstrandir** › S. 88 oder auf die Inseln **Vigur** [B2] oder **Æðey** [B2] angeboten. Eine gemütliche Fjordfahrt führt am 11. Tag nach **Hólmavík** › S. 89, wo Sie zwei Nächte bleiben; von hier lohnt der Abstecher nach **Djúpavík** [C2], um die alte Heringsfabrik zu besichtigen.

Die Rückfahrt gen Süden erfolgt über die Straße Nr. 59 durch die Region **Dalír** mit Besuch von **Eiríksstaðir** › S. 85 – ehemaliger Wohnsitz von Erik dem Roten – und weiter auf der Nr. 60 zurück auf die Ringstraße. Die nächsten Ziele sind **Reykholt** › S. 80 und **Húsafell** › S. 80; in Húsafell können Sie übernachten und von hier den **Langjökull** [D4] erkunden. Wer einen Geländewagen und noch genügend Zeit hat, kann dann die Hochlandpiste **Kaldidalur** [C4] in Angriff nehmen. Für den Rückweg nach Reykjavík empfiehlt sich die Straße Nr. 47 um den schönen Hvalfjörður.

# Infos von A–Z

## Barrierefreies Reisen

Fähren, Fluglinien und die meisten größeren Hotels in Akureyri und Reykjavík sind auf Menschen mit Handicaps eingestellt. Auf dem Land sind Behinderte auf Begleitpersonen angewiesen.

• Viele Informationen für die Planung bietet der Landesverband für Menschen mit Behinderung **Sjálfsbjörg,** Hátuni 12, 105 Reykjavík, Tel. 5 500 118, www.thekkingarmidstod. is/adgengi/accessible-tourism-in-iceland.

## Diplomatische Vertretungen

• **Deutsche Botschaft,** Laufásvegur 31, 101 Reykjavík, Tel. 530 1100, Notfall-Tel. 663 7800, Fax 530 1101, www.reykjavik.diplo.de.
• **Honorargeneralkonsulat Österreich,** Orrahólar 5, 111 Reykjavík, Tel. 557 5464, arni-siemsen@simnet.is
• **Generalkonsulat Schweiz,** Laugavegur 13, 101 Reykjavík, Tel. 551 7172, Fax 551 7179; zuständige Botschaft in Oslo/Norwegen, Tel. 00 47/ 22 54 23 90, www.eda. admin.ch/oslo.

## Einreise/Ausreise

Deutsche, Österreicher und Schweizer brauchen für die Einreise einen gültigen Personalausweis oder Reisepass. Haustiere dürfen nicht mitgenommen werden. Reisende aus Schengen-Ländern werden in der Regel nicht kontrolliert.

Wer ein Kraftfahrzeug für maximal ein Jahr einführt, benötigt die nationalen Zulassungspapiere, den nationalen Führerschein und die grüne Versicherungskarte. Wer Letztere nicht vorweisen kann, muss in Island eine Haftpflichtversicherung abschließen.

## Elektrizität

Netzspannung 220 V/50 Hz. In alten Häusern passen nicht alle mitteleuropäischen Stecker in die isländischen Steckdosen, weshalb man sicherheitshalber einen Adapter mitnehmen sollte.

## Feiertage

Neujahr, Gründonnerstag, Karfreitag, Ostersonntag und -montag, erster Sommertag (3. Donnerstag im April), 1. Mai, Christi Himmelfahrt, Pfingstsonntag und -montag, 17. Juni (Nationalfeiertag), Handels- und Bankenfeiertag (1. Montag im August), 24. Dezember ab Mittag, 25. und 26. Dezember, 31. Dezember ab Mittag.

## Geld

Die isländische Króna (ISK) teilt sich in Münzen zu 100, 50, 10, 5 und 1 Kronen auf, ferner in Banknoten zu 500, 1000, 2000, 5000 und 10 000 Kronen.

Reiseschecks und Kreditkarten, v. a. Visa- und Mastercard, sind sehr verbreitet, auf dem Land muss man in manchen Unterkünften jedoch bar zahlen.

Beim Bargeldtausch bei Banken auf Island ist der Wechselkurs günstiger als im Heimatland. Mit einer Bankkarte erhält man Bargeld aus Geldautomaten mit entsprechendem Logo. Die günstigste Zahlungsart ist per Kreditkarte, da man immer den Briefkurs erhält.

Hin und wieder kommt es zu Kursschwankungen, daher sollte man vor der Reise die Kursentwicklung verfolgen. **Wechselkurse** (Stand Dezember 2016): 1 € = 120 ISK; 1 CHF = 112 ISK; 100 ISK = 0,84 €/0,90 CHF.

## Information

Die Website von Promote Island bietet vielerlei Infos und Broschürendownload.

- **Promote Iceland**
  Sundagarðar 2
  IS-104 Reykjavík
  http://de.visiticeland.com

## Krankenversicherung

Prüfen Sie vor der Abreise, ob Ihre Krankenversicherung Behandlungskosten in Island übernimmt und besorgen Sie sich ggf. die Europäische Krankenversicherungskarte. Angesichts der Eigenbeteiligungen, die in Island verlangt werden, ist der Abschluss einer Auslandskrankenversicherung, die auch einen Rücktransport abdeckt, immer sinnvoll.

## Medizinische Versorgung

Das Netz von Krankenhäusern, medizinischen Zentren oder praktischen Ärzten (in der Regel englischsprachig) in Island ist dicht. Bei ernsthafter akuter Erkrankung erreicht man den Notarzt unter der Notrufnummer Tel. 1770, außerhalb Reykjavíks unter der Nummer 112. Von speziellen Medikamenten (z. B. Insulin) sollte man ausreichend Vorräte mitnehmen.

## Mehrwertsteuerrückerstattung

Mit Iceland Refund (der kleineren Organisation) und Global Refund kooperieren viele isländische Geschäfte.

Für bestimmte dort gekaufte Waren mit einem Mindestwert von 4000 ISK pro Kassenbon können Sie sich einen Coupon geben und ihn bei der Ausreise vom Zoll abstempeln lassen. Damit werden Ihnen an den entsprechenden Schaltern am Flughafen Keflavík bis zu 15 % des Kaufpreises erstattet. Sie können den Betrag auch Ihrer Kreditkarte gutschreiben lassen, das dauert in der Regel drei bis vier Wochen.

Über Einzelheiten informieren die teilnehmenden Geschäfte und im Internet die Webseite www.customs.is.

## Notruf

- **Feuerwehr/Krankenwagen/ Polizei:** Tel. 112
- **Berg- und Seenotrettungsdienste ICE-SAR:** Tel. 570 5900

## Öffnungszeiten

- **Banken:** generell Mo–Fr 9.15–16 Uhr.
- **Geschäfte:** üblicherweise Mo–Fr 9–18, Sa 10–16 Uhr, manche Souvenirshops öffnen auch sonntags. Einige Supermärkte haben tgl. bis 24 Uhr geöffnet.
- **Postämter:** bis auf wenige Ausnahmen Mo–Fr 9–18 Uhr.
- **Tankstellen** und **Kioske** auf dem Land sind zumeist tgl. 7.30–23 Uhr geöffnet, manchmal aber auch erst ab 9 Uhr morgens.

## Rauchverbot

Das Rauchen ist in allen öffentlichen Gebäuden verboten, auch in Restaurants, Bars, Diskotheken und Cafés.

## Sicherheit

Island ist eines der sichersten Länder der Welt, dennoch sollte man auch hier auf seine Wertsachen achten und sein Auto abschließen.

| Urlaubskasse | |
|---|---|
| Tasse Kaffee | 3 € |
| Softdrink (im Restaurant) | 2,50 € |
| Glas Bier (0,5 l) | 6 € |
| Burger mit Pommes Frites und Getränk | 15 € |
| Softeis | ab 3 € |
| Taxifahrt (Startgeld) (pro km) | mind. 4 € ab 1,50 € |
| Mietwagen/Tag | ab 80 € |
| 1 l Superbenzin | 1,50 € |

## Telefon/Handy/Internet

Innerhalb Islands sind die siebenstelligen Rufnummern komplett zu wählen, Ortsvorwahl-Nummern gibt es nicht. Gespräche von öffentlichen Telefonzellen (mit Münzen- oder Telefonkarten, die z. B. bei Postämtern oder an Kiosken verkauft werden) sind erheblich günstiger als Gespräche vom Hotel aus.

Drei GSM-Betreiber bieten in bewohnten Gebieten eine relativ gute, aber nicht lückenlose Abdeckung im GSM 900 und GSM 1800 Standard für Dualbandhandys. Fragen Sie Ihren Netzbetreiber nach den Roamingkosten; eine isländische Prepaid-SIM-Karte kann billiger sein.

**Internationale Vorwahlen**

• **Island:** 00 354, dann die siebenstellige Teilnehmernummer
• **Deutschland:** 00 49
• **Österreich:** 00 43
• **Schweiz:** 00 41

Die meisten Hotels und auch Cafés haben WLAN-Hot-Spots. In einigen Hotels muss man entsprechende Codes für die Zimmer kaufen. Computer mit Internetverbindungen findet man in den meisten Touristeninformationen.

## Trinkgeld

In Restaurant- und Getränkerechnungen sind Trinkgelder schon enthalten. Ein Trinkgeld wird nicht erwartet, aber gerne gesehen.

## Verkehrsregeln

Nur markierte Straßen und Pisten dürfen befahren werden. Es gilt Gurtpflicht, für Motorradfahrer Helmpflicht und eine Promillegrenze von null, das Abblendlicht muss auch tagsüber eingeschaltet sein. Die Tempolimits liegen auf Asphaltstraßen (Ringstraße und Ortsdurchfahrten) bei 90 km/h, auf Schotterstraßen bei 80 km/h, in Siedlungen bei 50 km/h, man sollte aber grundsätzlich langsam fahren. Achtung auf frei laufende Tiere, v. a. Schafe.

Verkehrsregeln und -schilder entsprechen meist denen in Mitteleuropa. Die Broschüre »How to drive in Iceland« (Download über www.road.is/travel-info/driving-safely-in-iceland) zeigt alle Verkehrsschilder. Die Polizei führt regelmäßig, besonders im Sommer, Kontrollen durch. Die Bußgelder bei Verstößen, z. B. gegen das Tempolimit, sind hoch.

## Zeit

Das ganze Jahr über gilt in Island die UTC (Universal Time Coordinated, ehemals GMT). Es ist also 1 Std. früher als in Mitteleuropa, während der kontinentaleuropäischen Sommerzeit 2 Std.

## Zollbestimmungen

Eingeführt werden dürfen maximal: 1 l Alkohol + 1 l Wein + 6 l Bier oder 3 l Wein + 6 l Bier oder 1 l Alkohol + 9 l Bier oder 1,5 l Wein + 9 l Bier oder 12 l Bier (Reisende über 20 Jahre), ferner 200 Zigaretten oder 250 g andere Tabakwaren, konservierte Lebensmittel bis zu 3 kg pro Person. Treibstoff darf sich nur im Tank des Pkw befinden, nicht aber in Kanistern.

Angel- und Reitausstattung muss fabrikneu bzw. nachweislich desinfiziert worden sein, ansonsten ist eine kostenpflichtige Desinfektion an der Zollstation fällig.

Reisende über 15 Jahren dürfen abgabenfrei ins Heimatland mitnehmen: 200 Zigaretten, 50 Zigarren oder 250 g Tabak, 1 l Alkoholika über oder 2 l unter 22 Vol.-% (Schweiz: 15 Vol.-%), 4 l Wein und 16 l Bier, 50 g Parfüms und 0,25 l Eau de Toilette, andere Waren bis zu einem Wert von maximal 430 € (Personen unter 15 Jahren 175 €) bzw. 300 CHF. Bei Treibstoff gilt: Der Tank des Fahrzeugs darf voll sein, zusätzlich ist ein 10-l-Reservekanister erlaubt.

# Register

## Bildnachweis

**Coverfoto** Seljalandsfoss-Wasserfall © Getty Images/Photographer's Choice
**Fotos Umschlagrückseite** © Shutterstock/jedamus (links); Alamy/Prisma Bildagentur AG (Mitte); Fotolia/Robert Rozbora (rechts)
Alamy/Arctic Images: 28; Alamy/blickwinkel: 95; Alamy/Ragnar Th. Sigurdsson: 45; AWL Images/Nadia Isakova: 34/35; AWL Images/John Warburton Lee Photography Ltd/Christian Kober: 40, 59; Andreas J. Focke: 82, 131; Fotodesign Stadler: 124, 127, 128, 145, 147; Fotolia/arianarama: 131; Fotolia/Darren Baker: 25; Fotolia/Nicolas Berthy: U2-4; Fotolia/csId: U2-3; Fotolia/Filip Fuxa: 90, 143; Fotolia/krasnevsky: 126; Fotolia/Kushnirov Avraham: 9-2; Fotolia/leksele: U2-2; Fotolia/Michael: 68; Fotolia/Doin Oakenheim: 115; Fotolia/Puripat: 88; Fotolia/schaef: 87; Fotolia/secretagentman: 32; Fotolia/Janis Smits: 16; Fotolia/Alexey Stiop: 79; Fotolia/tsuguliev: 50; Fotolia/TTstudio: 73; Páll Gíslason/www.kerlingarfjoll.is: 141; GlowImages/Max Galli: 14; GlowImages/Ken Gillespie: 71; GlowImages/imagebroker/Norbert Eisele-Hein: 31; GlowImages/imagebroker/Olaf Krüger: 63; Huber Images/Tom Mackie: 48/49; Iceland Tourist Board/Randall Hyman: 61, 151; Iceland Tourist Board/Dieter Schweizer: 81; Isländisches Fremdenverkehrsamt Neu-Isenburg: 132; Volkmar Janicke: 99, 101; laif/Galli: 6/7; laif/Gebhard: 102, 135; laif/Tobias Gerber: 104; laif/Gerald Haenel: 43; laif/Andreas Hub: 116; laif/Aurora/John R. Orcutt: 130; LOOK-foto/N. Eisele-Hein: 55; LOOK-foto/travelstock44.de: 118; mauritius images/imageBROKER/Kerstin Langenberger: 109; Shutterstock/aevarg: 23; Shutterstock/Nina B: 111; Shutterstock/canadastock: 137; Shutterstock/Michal Durinik: 27, 139; Shutterstock/halldore: 13; Shutterstock/Chris Howey: 133; Shutterstock/George Koultouridis: U2-1, 67; Shutterstock/Jordan Lye: 106; Shutterstock/Martin M303: 10; Shutterstock/Doin Oakenhelm: 103; Shutterstock/Ovchinnikova Irina: 20/21; Shutterstock/Max Topchii: 148; Shutterstock/TTstudio: 8-2; Ina Vehse: 8-1, 9-1.

Liebe Leserin, lieber Leser,
wir freuen uns, dass Sie sich für diesen POLYGLOTT on tour entschieden haben.
Unsere Autorinnen und Autoren sind für Sie unterwegs und recherchieren sehr gründlich,
damit Sie mit aktuellen und zuverlässigen Informationen auf Reisen gehen können.
Dennoch lassen sich Fehler nie ganz ausschließen. Wir bitten Sie um Verständnis, dass der
Verlag dafür keine Haftung übernehmen kann.

Ihre Meinung ist uns wichtig. Bitte schreiben Sie uns:
**GRÄFE UND UNZER VERLAG**
Postfach 86 03 66, 81630 München, Tel. 0 89/419 819 41
www.polyglott.de

**LESERSERVICE**
polyglott@graefe-und-unzer.de
Tel. 0 800/72 37 33 33 (gebührenfrei in D, A, CH), Mo–Do 9–17 Uhr, Fr 9–16 Uhr

### 2. unveränderte Auflage 2018

© 2018 GRÄFE UND UNZER VERLAG
GmbH, München
Dieses Buch wurde auf chlorfrei gebleichtem
Papier gedruckt.
ISBN 978-3-8464-2022-5

**Bei Interesse an maßgeschneiderten
POLYGLOTT-Produkten:**
Verónica Reisenegger
veronica.reisenegger@graefe-und-unzer.de

**Bei Interesse an Anzeigen:**
KV Kommunalverlag GmbH & Co KG
Tel. 089/928 09 60
info@kommunal-verlag.de

**Redaktionsleitung:** Grit Müller
**Verlagsredaktion:** Anne-Katrin Scheiter
**Autoren:** Wolfgang Veit,
Johannes M. Ehmanns und Ina Vehse
**Redaktion:** Martin Waller
**Bildredaktion:** Ulrich Reißer und
Nafsika Mylona
**Mini-Dolmetscher:** Langenscheidt
**Layoutkonzept/Titeldesign:**
fpm factor product münchen
**Karten und Pläne:** Theiss Heidolph
und Kunth Verlag GmbH & Co. KG
**Satz:** uteweber-grafikdesign
**Herstellung:** Anna Bäumner
**Druck und Bindung:**
Printer Trento, Italien

PEFC/18-31-506

GRÄFE
UND
UNZER

*Ein Unternehmen der*
GANSKE VERLAGSGRUPPE

# Mini-Dolmetscher Isländisch

## Allgemeines

| | |
|---|---|
| Guten Morgen. | Góðan daginn. [**gou**ðann **dai**jenn] |
| Guten Tag. | Góðan dag. [**gou**ðann **da**ch] |
| Guten Abend. | Gott kvöld. [gohht **kwölt**] |
| Hallo! | Halló! [**hal**lou] |
| Wie geht's? | Hvað segir þú gott? [kwa **ßej**je‿θu **goh**ht] |
| Danke, gut. | Allt fínt, þakka þér fyrir. [**ahlt**‿fihnnt, **θahh**ka‿θjär **feh**rehr] |
| Ich heiße ... | Ég heiti ... [jäa‿**hej**deh] |
| Auf Wiedersehen. | Bless. [**bläss**] |
| Morgen | morgun [**morr**günn] |
| Nachmittag | eftir hádegi [**äf**dehr **hau**dejjeh] |
| Abend | kvöld [**kwölt**] |
| Nacht | nótt [**nouhht**] |
| morgen | á morgun [au **morr**günn] |
| heute | í dag [ í‿**dah**] |
| gestern | í gær [i‿**gjair**] |
| Sprechen Sie Deutsch / Englisch? | Talar þú þýsku / ensku? [**ta**lar‿θu **θihs**kü / **ens**kü] |
| Wie bitte? | Ha? [**hah**] |
| Ich verstehe nicht. | Ég skil ekki. [jäa **skehl**‿ähhgjeh] |
| Sagen Sie es bitte nochmals. | Viltu endurtaka það sem þú sagðir. [**wehh**ldü ändürtahga θa‿ßäm θu **ßag**ðehr] |
| | Já, takk. [**jau tahhk**] |
| Ja, bitte. | Takk. [**tahhk**] |
| Danke. | Ekkert að þakka. |
| Keine Ursache. | [**ähh**gjärt‿a **θahh**ka] |
| was / wer / welcher | hvað / hver / hver [**kwað** / **kwär** / **kwär**] |
| wo / wohin | hvar / hvert [**kwar** / **kwärt**] |
| wie / wie viel | hvernig / hve mikið [**kwärd**neh / kwä **meh**kehð] |
| wann / wie lange | hvenær / hve lengi [**kwä**nair / kwä **lejn**gjeh] |
| Wie heißt das? | Hvað er þetta kallað? [**kwað**‿er‿**θähh**ta **kad**lað] |
| Wo ist ...? | Hvar er ...? [**kwar**‿är] |
| Können Sie mir helfen? | Gætir þú hjálpað mér? [**gjai**deer‿θu **hjaul**bað‿**mjär**] |
| ja | já [**jau**] |
| nein | nei [**nej**] |
| Entschuldigen Sie. | Afsakið. [**af**ßakjehð] |
| Das macht nichts. | Allt í lagi. [**ahlt**‿i‿**lai**jeh] |

## Shopping

| | |
|---|---|
| Wo gibt es ...? | Hvar fæst ...? [kwar‿**faist**] |
| Wie viel kostet das? | Hvað kostar þetta? [**kwað** koßdar **θähh**ta] |
| Das ist zu teuer. | Það er of dýrt. [**θað**‿är of **dihrrt**] |
| Das gefällt mir (nicht). | Mér finnst þetta (ekki) flott. [mjä‿**fehnnst θähh**ta (**ähh**gjeh) **flohht**] |
| Gibt es das in einer anderen Farbe / Größe? | Er þetta til í öðrum lit / í annarri stærð? [är‿**θähh**ta tehl i öðrüm **leht** / i anareh **stairð**] |
| Ich nehme es. | Ég tek þetta. [jäa‿**täk θähh**ta] |
| Wo ist eine Bank? | Hvar finn ég banka? [**kwar fehnn**‿jäa **baun**ka] |
| Haben Sie deutsche Zeitungen? | Eru til þýsk dagblöð? [ärü‿tehl **θihsk dah**blöð] |

## Essen und Trinken

| | |
|---|---|
| Die Speisekarte, bitte. | Gæti ég fengið matseðilinn? [**gjai**deh‿jäa **fejn**kjehð maðßäðehlehnn] |
| Brot | brauð [**bröið**] |
| Kaffee / Tee mit Milch / Zucker | kaffi /te [**kaf**feh / **täa**] með mjólk / sykri [mä‿**mjou**hlk / **ßeh**greh] |
| Orangensaft | appelsínusafi [**ahh**bälßihnü·ßaweh] |
| Mehr Kaffee, bitte. | Gæti ég fengið meira kaffi, takk. [**gjai**deh‿jäa **fejn**kjehð mejra kaffe, **tahhk**] |
| Suppe | súpa [**ßu**ba] |
| Fisch | fiskur [**fehs**gür] |
| Meeresfrüchte | sjávarréttir [**ßjau**war·**riähh**dehr] |
| Fleisch / Geflügel | kjöt / fuglakjöt [**kjöt** / **füg**glakjöt] |
| Beilage | meðlæti [**mäð**laideh] |
| vegetarische Gerichte | grænmetisréttir [**grain**mädehs·**riähh**dehr] |
| Eier | egg [**ägg**] |
| Salat | salat [**ßal**lat] |
| Dessert | eftirréttur [**äf**dehr·**riähh**dür] |
| Obst | ávextir [**auw**äksdehr] |
| Eis | ís [**iiß**] |
| Wein | vín [**wihn**] |
| Bier | bjór / öl [**bjour** / **öal**] |
| Wasser | vatn [**wahh**dn] |
| Mineralwasser | sódavatn [**ßou**ta·wahhdn] |
| Ich möchte bezahlen. | Gæti ég fengið að borga. [**gjai**deh‿jäa **fejn**kjehð‿að **bor**ga] |

# Checkliste Island

## Nur da gewesen oder schon entdeckt?

☐ **Blick über Reykjavík**
Von Perlans Terrassen aus sieht man nicht nur die Stadt, sondern auch die Nachbarorte und das Umland. Besonders schön im Lichterglanz bei Nacht. › S. 61

☐ **Wandern über Berg und Eis**
Die Zweitagestour zwischen den Gletschern Mýrdalsjökull und Eyjafjallajökull hindurch lässt einen die Größe der Natur erleben. › S. 13

☐ **Haus des Nobelpreisträgers**
Das weiße Haus in der hügeligen Landschaft atmet den Geist des Literaturnobelpreisträgers Halldór Laxness. › S. 64

☐ **Baden in heißen Quellen**
Erholung, Vergnügen und vor allem: typisch isländisch. Die Bademöglichkeiten sind überall auf der Insel ungeheuer vielfältig. › S. 102

☐ **Gletschervergnügen**
Mit dem Schneemobil auf dem Vatnajökull herumzukurven ist ein Heidenspaß. › S. 12, 117

☐ **Wasserfallrauschen**
Der Gullfoss mit seinen zwei Stufen, der hohe Skógafoss, der donnernde Dynjandi oder der Dettifoss – jeder Wasserfall ist ein Erlebnis. › S. 68, 126, 87, 104

### Mitbringsel für Daheim

**Isländischer Räucherlachs** schmeckt einfach anders. › S. 15

**Wollmütze:** Von traditionell bis originell – für jeden Kopf gibt es eine Mütze aus der guten Islandwolle. › S. 16

☐ **Fisch und Meer**
Ein Fischgericht in einem der Gourmetrestaurants verrät einem, wie Fisch wirklich schmecken kann. › S. 47